Gewerkschaftliche Lohnpolitik

und

Arbeitslosigkeit

(Bearbeitet für die Zeit nach der Stabilisierung in Deutschland)

*

Ein wissenschaftlicher Beitrag zur Lohntheorie und Lohnpolitik

von

Harald Assaël

Dipl.-Kfm.

FRIEDERICHSEN, DE GRUYTER & CO. m. b. H., HAMBURG

1932

Druck von
Ackermann & Wulff Nachflg., Hamburg 11

Inhaltsverzeichnis

Vorwort.

In dieser Arbeit, die im Seminar für Volkswirtschaft und Statistik an der Handels-Hochschule Mannheim entstanden ist, ist der Versuch unternommen, die Beziehungen von Lohnhöhe und Arbeitslosigkeit zu den übrigen wirtschaftlichen Erscheinungen zu untersuchen. Es wäre eine besonders dankbare Aufgabe gewesen, die Beziehungen von Lohnhöhe und Arbeitslosigkeit sowohl in regionaler als auch branchenmäßiger Gliederung zu untersuchen. Die Enquete müßte, um die Basis zu wissenschaftlichen Deduktionen zu geben, zumindest zwei Konjunkturepochen umfassen, müßte sich also vom Ausgang der Inflation, vom November 1923, bis zum Jahre 1931 erstrecken. Leider ist es mir trotz großer Bemühungen nicht gelungen, entsprechend detailliertes, authentisches Zahlenmaterial aus den ersten Jahren nach der Inflation zu bekommen. Da die Landesarbeitsamtsbezirke erst bei Einführung der Arbeitslosenversicherung Ende 1927 geschaffen wurden, gibt es bis dahin überhaupt keine entsprechende regionale Aufgliederung der Arbeitslosendaten. Die Arbeitslosenstatistik der Reichsanstalt für Arbeitsvermittlung und Arbeitslosenversicherung beginnt in der heutigen Form erst mit dem Jahre 1929.

Es gibt zwar auch für die früheren Jahre beruflich gegliederte Arbeitslosenstatistiken, die von den verschiedenen Gewerkschaften geführt wurden. Abgesehen davon, daß es ungewiß ist, ob diese privaten Erhebungen nach einheitlichem Prinzip durchgeführt sind, beziehen sich diese Daten ausschließlich auf die Gewerkschaftsmitglieder und stimmen deshalb mit den Ergebnissen der Reichsanstalt lediglich in der Tendenz der Entwicklung, nicht aber in der absoluten Höhe der Zahl überein. Außerdem würden die Unterschiede in der Organisationsintensität einen regionalen Vergleich zumindest doch problematisch erscheinen lassen.

Es ist daher aus den angeführten Gründen in dieser Arbeit davon abgesehen, das Arbeitslosen- und das Lohnproblem in regionaler und branchenmäßiger Detaillierung zu bearbeiten. Die vorliegenden Untersuchungen fußen vielmehr auf den Ergebnissen der von der Reichsanstalt durchgeführten statistischen Erhebungen für das gesamte Reichsgebiet. Die Lohndaten insbesondere sind ebenfalls von der Reichsanstalt ermittelte Durchschnitte der tariflichen Stundenlöhne von 17 Gewerben.

Im ersten Abschnitt dieser Abhandlung sind sowohl die statistischen Ergebnisse als auch die Problematik der beiden zum Lohnproblem Stellung nehmenden Parteien, der Gewerkschaften und der Arbeitgeberverbände, rein referierend wiedergegeben. Eine eigene Stellungnahme ist in diesem Teil zugunsten einer möglichst objektiven Darlegung der Tatsachen bewußt vermieden worden.

Während im zweiten, kritischen Teil die eigene Stellungnahme zu der Problematik der verschiedenen Argumentationen zum Ausdruck kommt, wird im dritten Abschnitt versucht, theoretisch die Phänomene der Lohnhöhe und der Arbeitslosigkeit zu durchdringen.

Es erübrigt sich darauf hinzuweisen, daß der Verfasser weder materiell noch ideell nach einer der beiden Richtungen hin gebunden ist, und daß er bemüht gewesen ist, eine größtmögliche Objektivität walten zu lassen und ausschließlich seine wissenschaftlichen Erkenntnisse zu formulieren.

Hamburg-Mannheim, im Juli 1932.

Einleitung.

„Die Gewerkschaft ist eine dauernde Verbindung von Lohnarbeitern des gleichen (industriellen) Berufes innerhalb der kapitalistischen Gesellschaftsordnung zum Zwecke der Vergrößerung des Anteiles der Lohnarbeit am Ertrage der privatwirtschaftlichen Produktion unter gleichzeitiger Verbesserung der sonstigen Arbeitsbedingungen"[1]). Diese Definition von Th. Brauer umfaßt den eigentlichen Aufgabenkreis der Gewerkvereine; wenn auch daneben in intensiver Weise sozialpolitische und kulturelle Ziele angestrebt werden, so liegt doch stets das Schwergewicht der gewerkschaftlichen Politik in der Forderung nach einer Steigerung der Lebenshaltung der arbeitenden Klasse.

a) Über das Wesen der Arbeit[2]).

Im allgemeinen wird die Arbeit als eine „Ware" angesehen, die wie alle anderen wirtschaftlichen Güter den Gesetzen von Angebot und Nachfrage unterworfen ist. Und doch ist die „Arbeit" eine Ware besonderer Art. Die Tatsache allein, daß der Arbeiter, während er seine Arbeitskraft verkauft, sich selbst dem Herrschaftswillen des Unternehmers zu fügen hat, daß „Besitzer" und „Ware" also untrennbar sind, zwingt dazu, dieser ökonomischen Frage besondere Aufmerksamkeit zu schenken. Aber noch aus einem anderen Grunde muß die „Ware" Arbeit anders gewertet werden als die übrigen Wirtschaftsgüter. Die Arbeitskraft ist in der Regel der einzige Besitz des Arbeiters; er muß sie verwerten, um leben zu können. Er kann nicht warten, bis sich etwa die Marktlage gebessert hat, da sein Besitz, die Arbeitskraft, sich nicht aufspeichern läßt, sondern ungenutzt verfällt. Jeder nicht ausgenutzte Arbeitstag bedeutet für ihn Einkommensverlust, der nicht wieder eingeholt werden kann. Der Arbeiter ist also in der Regel gezwungen, seine Arbeitskraft unter allen Bedingungen zu verkaufen, da er, um leben zu können, nicht mit seiner „Ware" zurückhalten kann. Sein Recht auf Vertragsfreiheit wird aus diesen Gründen weitgehend zu einer rein juristischen Fiktion.

Die Gewerkschaften springen hier ein und versuchen ihre Mitglieder in die Lage zu versetzen, nötigenfalls für kurze Zeit ihre Arbeitskraft vom Markte fernzuhalten, um sich durch den Druck der Knapphaltung bessere Arbeits- und Lohnbedingungen erkämpfen zu können. Die Gewerkschaften als die Vertreter der Arbeitnehmer sind naturgemäß bei den Lohnverhandlungen stets bemüht, in der Ge-

---

[1]) Th. Brauer: „Gewerkschaft und Volkswirtschaft", Jena 1912, pag. 25.

[2]) Es ist klar, daß das Wesen der Arbeit nicht in wenigen Zeilen auch nur einigermaßen erschöpfend dargestellt werden kann. Es kann im Rahmen dieser Arbeit lediglich darauf an, einige uns wesentlich erscheinende Merkmale einleitend zu skizzieren.

staltung der verbindlichen Tarife ein möglichst günstiges Resultat für ihre Mitglieder zu erzielen. Neben sozialpolitischen Forderungen ist als das bedeutendste und am stärksten hervortretende Ziel die Erhöhung der Einkommen der Arbeitnehmer anzusehen.

b) Forderung einer maximalen Lohnhöhe.

Es fragt sich nun, welche Grenzen den Gewerkschaften in ihren Lohnforderungen gesetzt sind, oder ob es denkbar ist, daß theoretisch jedenfalls die Gewerkschaften Forderungen nach Lohnerhöhung ad infinitum begründen können. M. a. W., ist eine Forderung nach maximaler Lohnhöhe möglich, und wie würde sie sich auswirken? Die Forderung nach maximaler Lohnhöhe hat zweifellos für den ökonomisch ungebildeten Arbeiter etwas Bestrickendes, und die ständigen Lohnforderungen der Gewerkschaften sind ja auch zugleich die wirksamste Propaganda, um eine möglichst zahlreiche Mitgliederschaft zu erwerben. Es wäre nun denkbar, daß die Gewerkschaften nach dem Prinzip des Monopols vorgehen, indem sie danach strebten, den Anteil am Sozialprodukt, der der arbeitenden Klasse zufällt, derart zu erhöhen, daß zwar die gesamte Lohnsumme, die den Arbeitern gezahlt wird, eine möglichst hohe ist, daß aber diese Summe de facto nur an einen Teil der Arbeitnehmer gezahlt wird. M. a. W., die Gewerkschaften könnten einen Teil der organisierten Arbeitskraft zurückhalten, um so das Angebot zu verringern und den Preis zu steigern. Diese Lohnsteigerung könnte so groß sein, daß die beschäftigten Arbeiter die Arbeitslosen mit durchzuschleppen in der Lage wären. Dies müßte allerdings zur Voraussetzung haben, daß die gewerkschaftliche Solidarität freiwillig oder durch die Möglichkeit eines Zwanges so tief verwurzelt wäre, daß sich derartige Maßnahmen praktisch durchführen ließen. Eine derartige Politik wäre aber höchst gefährlich, und die Arbeitnehmerverbände selbst wenden sich energisch gegen die Meinung, daß Gewerkschaften Monopolcharakter hätten. So schreibt Braunthal in der „Gewerkschaftszeitung"[3]: „Die Gewerkschaften aber sind keine Monopole. Ihre Aufgabe besteht vielmehr darin, das Nachfragemonopol der Unternehmer nach der „Ware" Arbeitskraft zu brechen und auf diese Weise dem volkswirtschaftlich und sozial unheilvollen Druck auf die Löhne, den die Unternehmer durch ihr Nachfragemonopol auszuüben imstande sind, entgegenzuwirken". Wenn man auch von allen mehr oder weniger starken Druckmitteln absieht, so wäre doch zu untersuchen, wie sich volkswirtschaftlich die Forderung nach maximaler Lohnhöhe auswirken würde.

Die Arbeitskraft muß in der Produktion als Kostenfaktor eingesetzt werden. Ihr Anteil an den Gesamtkosten schwankt, je nachdem ob es sich um arbeits- oder kapitalintensive Betriebe handelt. Bei Erhöhung des Lohnes wird der Unternehmer versuchen, den Mehrkosten

---

[3]) A. Braunthal: „Preise und Löhne in der Wirtschaftskrise", Gewerkschaftszeitung Nr. 51 (20. Dezbr. 1930).

dadurch auszuweichen, daß er durch Rationalisierung den Anteil der Arbeit am Gesamtprodukt möglichst gering gestaltet. Bei Forderung nach maximaler Lohnhöhe, also bei Lohnforderungen mit der starren Tendenz nach dauernder Steigerung, die weder auf die Struktur der einzelnen Produktionszweige, noch auf die Konjunktur Rücksicht nehmen, wird die Ausweichsmöglichkeit vor den hohen Löhnen durch Rationalisierung bald erschöpft sein. Einmal sind es die technischen Grenzen, die einer Rationalisierung Einhalt gebieten, und ferner bedeutet jede Rationalisierungsmaßnahme Neuinvestitionen. Der Kapitalmarkt würde eine außerordentliche Anspannung erfahren, was zu einer erheblichen Verteuerung des Kredites führen müßte und damit auch zu einer Mehrbelastung der Unternehmungen. Zahlreiche Grenzbetriebe wären zur Stillegung und damit zur Arbeiterentlassung gezwungen. Die Mehrbelastung, sei sie nun durch Kreditverteuerung, sei sie durch direkte Produktionsverteuerung verursacht, kann nicht wieder eingeholt werden, da die Forderungen nach maximaler Lohnhöhe sich ja prinzipiell nicht der Konjunktur anpassen. Theoretisch und empirisch würde bei einem derartigen Vorgehen der Arbeiterverbände ein direkter Zusammenhang zwischen Lohnpolitik und Arbeitslosigkeit festzustellen sein.

c) Forderung einer optimalen Lohnhöhe.

Ganz anders würde sich die Forderung nach der optimalen Lohnhöhe auswirken. Hier würde sich nicht die Produktion dem Lohnniveau anpassen müssen, sondern umgekehrt: die Höhe des Lohnes würde so bemessen sein, daß die Produktion eine größtmögliche Intensität erfahren könnte. Es wäre die Lohnhöhe, bei der alle, oder doch nahezu alle arbeitswilligen Arbeiter Beschäftigung finden könnten. Die optimale Höhe des Lohnes kann nie starr sein; sie muß sich stets den Schwankungen der Konjunktur unterwerfen. Eine optimale Lohnhöhe wäre nicht nur eine erstrebenswerte Forderung der Gewerkschaften, sondern sie ist darüber hinaus eine volkswirtschaftliche Notwendigkeit.

Der Kampf um den Lohn gipfelt nicht in der Gegenüberstellung: hie maximale, hie optimale Lohnhöhe — man ist sich im allgemeinen darüber klar, daß für die Dauer nur die optimale Lohnhöhe das Entscheidende ist —, sondern der Kampf geht darum, wie diese optimale Lohnhöhe überhaupt zu bemessen ist. Zwischen der extremen Behauptung: die maximale Lohnhöhe ist zugleich die optimale, und der anderen: bei den niedrigsten Löhnen, die gerade noch die Subsistenz des Arbeiters ermöglichen, kann am billigsten und besten produziert werden, liegt eine Fülle von Abstufungen, um die bei allen Lohnverhandlungen erbittert gekämpft wird. Und jede der beiden Parteien, die Arbeitgeberverbände sowohl wie die Gewerkschaften, nehmen für sich in Anspruch, für den optimalen, für den volkswirtschaftlich gesündesten Lohn einzutreten. Es ist also zu untersuchen, ob die Bestrebungen der Gewerkschaften nach Lohnerhöhungen tatsächlich oder nur dem Namen nach Forderungen nach optimaler Lohnhöhe sind, ob sie also, während sie nur optimale Löhne zu fordern wähnen, de facto doch eine maximale Lohnhöhe anstreben und die gewerkschaftliche Lohnpolitik somit im Zusammenhang mit der Arbeitslosigkeit steht.

I. Abschnitt.

Analyse.

A. Statistik.

1. Faktische Lohndaten.

Beobachtet man die Entwicklung der Löhne seit der Stabilisierung der deutschen Währung, so kann man bis zum Dezember 1930 ein ununterbrochenes Ansteigen der Lohnkurve feststellen[4] (s. Tab. 5).

Während alle übrigen Wirtschaftskomponenten sich den Konjunktur- und Saisonschwankungen anpassen, zeigt die Lohnkurve nicht die geringste wellenförmige Konjunkturbewegung. Begründet ist dieser terrassenförmige Aufbau des Lohnniveaus durch die einzelnen Tarifverhandlungen, die jedesmal ein Hinaufschnellen der Löhne zur Folge hatten. So zeigt die Lohnkurve die typische Form einer strukturellen Entwicklung, die sich nicht durch Konjunkturerscheinungen aufhalten läßt, und deren Ursache in der politischen Gebundenheit der Löhne zu suchen ist. Man kann ganz deutlich vier Etappen oder Terrassen in der Lohnentwicklung in der Zeit vom Januar 1924 bis Dezember 1930 unterscheiden. Der erste steile Anstieg der Lohnkurve dauerte mit einer ganz kurzen Unterbrechung im Sommer 1924 volle 23 Monate bis zum November 1925. Die Lohnerhöhung, die sich in diesen zwei Jahren durchgesetzt hat, erreichte die außerordentliche Höhe von ca. 51 %. Zu erklären ist dieser ungewöhnlich starke Anstieg aus der Tatsache heraus, daß während der Inflationszeit in Deutschland Preise und Löhne weit unter dem Weltmarktniveau lagen und sich erst allmählich wieder an den allgemeinen Stand anpassen mußten. Die starke Lohnerhöhung dieser Zeit ist also nichts anderes, als ein Teil des Wiederaufbaues aus dem Tiefstande der Inflation.

Auf diesen rapiden Anstieg folgte eine längere Atempause, die bis zum Februar 1927 dauerte. Sie fiel zusammen mit der konjunkturellen Depressionsphase, die das ganze Jahr 1926 beherrschte. Aber selbst in dieser ungünstigen Konjunktur ist kein Rückgang der erreichten Lohnhöhe zu verzeichnen gewesen; im Gegenteil: das Lohnniveau konnte sich auch in der Zeit des Tiefstandes um ca. 1 % erhöhen.

Schon während der konjunkturellen Depression im März 1926 war die fallende Tendenz des Lebenshaltungsindex umgeschlagen und er überschritt im Februar 1927 erstmalig den bisherigen Höchststand des August 1925. Diese starke Erhöhung der Lebenshaltungskosten

[4]) Die der Tabelle zugrunde liegenden Lohndaten sind die in „Wirtschaft und Statistik" 1931 Heft 24, pag. 867 veröffentlichten tariflichen Stundenlöhne im Durchschnitt von 17 Gewerben.

glich ein steiler Lohnanstieg von durchschnittlich ca. 6,9 % aus, der vom Februar bis Juli 1927 dauerte.

Während der nächsten 9 Monate, vom Juli 1927 bis März 1928, erhöhte sich in langsamem Anstieg das durchschnittliche Lohnniveau um 3 %, während zu gleicher Zeit die Lebenshaltungskosten um etwa 2 % stiegen.

In den 4 Monaten von März bis Juli 1928 haben es die Gewerkschaften erreicht, den Lohn um 4¾ % zu steigern. Hierauf folgte bis zum Fußpunkt der vierten Terrasse der Lohnentwicklung ein langsames, aber dauerndes Anziehen der Lohnhöhe. In dieser Zeit des allmählichen Ansteigens vom Juli 1928 bis März 1929 gewann das Lohnniveau durchschnittlich 2½ %. Dann setzten die Gewerkschaften ein letztes Mal eine Steigerung des Lohnes durch, wodurch innerhalb von drei Monaten der Lohn sich abermals um 2½ % erhöhte. Die beiden letzten Lohnerhöhungen mögen darin ihre Erklärung finden, daß sich das Lohnniveau der steigenden Produktivität der rationalisierten Industrie anpaßte.

In der nun folgenden Zeit, in der die Wirtschaftskrise immer stärkere Ausmaße annahm, blieb zunächst bis zum Dezember 1930 das Lohnniveau konstant, ja, es konnte sogar noch um etwas über 1 % gewinnen. Erst vom Januar 1931 ab setzte eine dauernde starke Abwärtsbewegung der Lohnhöhe ein. Im Januar 1932 ist die Durchführung der mittels staatlicher Zwangsmaßnahmen ermöglichten Lohn- und Preissenkungsaktionen zu einem vorläufigen Ende gekommen. Bis zum November 1931 betrug die Lohnsenkung gegenüber Dezember 1930 ca. 6,7 %. In der gleichen Zeit betrug die Senkung der Lebenshaltungskosten ca. 7 %, sodaß der Reallohn trotz der nominalen Senkung um Weniges stieg. Durch die Notverordnungen vom Dezember 1931 wurden die laufenden Lohntarife abermals stark gesenkt. Diese Senkung hat gegenüber dem Stande vom 1. Dezember 1931 im Durchschnitt aller Arbeitergruppen eine Höhe von 9,6 % erreicht. Die mit der Lohnsenkung zur gleichen Zeit durchgeführte Preissenkung drückte die Lebenshaltungskosten in der Zeit vom Dezember 1931 bis Februar 1932 um 6,2 %, sodaß sich erstmalig in diesem Vierteljahr eine Senkung des Reallohnes um ca 5½ % ergab.

Waren in der Lohnentwicklung während der relativ kurzen Periode seit der Stabilisierung der deutschen Währung keine konjunkturellen Wellenbewegungen ersichtlich, so treten diese deutlich in Erscheinung, wenn man die bisher beobachtete Epoche eingliedert in die Entwicklungsreihe der letzten 50 Jahre. Bei dieser Vergleichskurve (Kurve 3) handelt es sich um die Entwicklung der Schichtverdienste der eigentlichen Bergarbeiter (Kohlen- und Gesteinshauer) im Steinkohlenbergbau des Ruhrgebietes; es sind dies die am höchsten entlohnten Arbeiter der Bergbauindustrie. Auch bei dieser Kurve läßt sich die strukturelle Höherentwicklung des Lohnniveaus feststellen; jedoch läßt sich hier auch die konjunkturelle Wellenbewegung klar erkennen. Bei dieser Wellenbewegung ist es auffallend, daß in den drei vorangegangenen, und scheinbar auch in der jetzigen Abwärtsbewegung, der Lohnabschlag jedesmal rund 13 % des erreichten Lohnniveaus betrug[5]). Es ließe sich also aus diesen statistischen Daten eine Tendenz feststellen, die zu der Hypothese führen könnte, daß die Lohnreduktionen in der Krisis immer in einem ganz bestimmten festen Verhältnis zu der Lohnerhöhung im Aufstieg standen. Die in der Nachkriegszeit eingetretene strukturelle Wandlung im Wirtschaftsleben macht es jedoch zumindest außerordentlich problematisch, wenn man von dieser Hypothese aus deduzieren wollte, daß auch die jetzige Krisis im Vergleich zu dem außergewöhnlichen industriellen Aufstieg, der vorangegangen war, keine wesentlich größeren Ausmaße annehmen dürfte als sie in den Depressionsepochen der Vorkriegszeit erreicht wurden. Immerhin ist die auffallende Gleichmäßigkeit bemerkenswert.

2. Faktische Daten der Arbeitslosigkeit.

Die Entwicklung der Arbeitslosigkeit bietet ein getreues Bild der Saison- und Konjunkturschwankungen. Unmittelbar nach der Inflationszeit sank die Arbeitslosigkeit trotz des konjunkturellen Tiefstandes in der ersten Hälfte des Jahres 1925 um mehr als zwei Drittel. Zum Teil ist dieses Absinken durch Saisoneinflüsse zu erklären, zum Teil läßt es sich auf die beruhigende Wirkung der Markstabilisierung zurückführen. In der Hochkonjunktur des Sommers 1925 erreichte die Zahl der Arbeitslosen mit rund 400 000 einen später niemals wieder erreichten Tiefpunkt, um dann in wenigen Monaten, im Februar 1926, eine Höhe von 2 549 000 zu erreichen. Noch einmal konnte die Arbeitslosigkeit in dem Aufschwungsjahr 1927 bis auf 867 000 herabgedrückt werden. Dann setzte, selbst wenn man die Saisonschwankungen, die einen immer stärkeren Ausschlag aufwiesen, ausschaltet, eine dauernde Aufwärtsbewegung ein. Bis zum Herbst 1929 war unter Ausschaltung der Saisonschwankungen der Aufstieg allmählich vor sich gegangen, um von diesem Zeitpunkt an mit unverhältnismäßiger Schnelligkeit anzusteigen. Auffallend in der Entwicklung der Arbeitslosenkurve ist das ungewöhnlich kurze Anschwellen im Winter 1928/29. In fünf Monaten, vom September 1928 bis Februar 1929, stieg die Zahl der Arbeitslosen um fast das Dreifache von 1 157 000 auf 3 230 000, um dann noch schneller in drei Monaten wieder auf 1 603 000 zu sinken. Selbst nach Ausschaltung

---

[5]) **Anm.**

Lohnhöchststand:	1891 Mk. 4,23	1900 Mk. 5,27	1907 Mk. 6,14	1930 RM. 10,28
Lohntiefstand:	1892 Mk. 3,71	1902 Mk. 4,54	1909 Mk. 5,30	1932 RM. 8,60
Differenz:	Mk. 0,52=12,3%	Mk. 0,73=13,8%	Mk. 0,84=13,7%	RM. 1,68=16,3%

Die Differenz von 16,3 % der Jahre 1930/32 dürfte darum als zu hoch anzusehen sein, weil die angenäherte Zahl von RM 8,60 keinen Jahresdurchschnitt wie die übrigen Zahlen darstellt, sondern weil es sich hier um die Lohnhöhe des Januar 1932 handelt, der infolge der Notverordnungen als besonders tief zu betrachten ist. Der Jahresdurchschnitt kann also durchaus die bisher festgestellte Gesetzmäßigkeit bestätigen.

der üblichen Saisonschwankungen bleibt ein starkes Anschwellen der Arbeitslosigkeit zu erkennen. Wagemann versucht diese außergewöhnliche Abweichung damit zu erklären, daß er sie auf den enormen „Kälteeinbruch" zurückführt[6]), der in jenem Winter über Deutschland hereinbrach, und in dem die sämtlichen Außenberufe weit mehr als es saisonmäßig bedingt ist, von der Arbeitslosigkeit betroffen wurden.

3. Statistischer Vergleich der Arbeitslosigkeit und der Lohndaten.

Vergleicht man nun die Arbeitslosenkurve mit der Lohnkurve, so ist es schwer, hier eine Gesetzmäßigkeit im Verlauf der beiden Kurven festzustellen. Läßt man die ersten Monate des Jahres 1924, in dem die Löhne nach der Stabilisierung notwendigerweise aus der Tiefe der Inflationslöhne emporstiegen, außer acht, so ist der Verlauf der beiden Kurven in zeitlicher Übereinstimmung mit der Dauer der einzelnen Konjunkturphasen, was sich bei der Lohnkurve insofern auswirkt, daß die wesentlichen Lohnerhöhungen in Zeiten konjunkturellen Anstiegs eingetreten sind, während in Depressionszeiten ein Stagnieren des Lohnniveaus ersichtlich wurde. Während der Aufschwungs- und Hochkonjunkturphase des Jahres 1924/25 ist bei leichter Zunahme des nicht saisonbedingten Beschäftigungsgrades ein Steigen der Nominallöhne bei gleichzeitigem starken Anziehen der Lebenshaltungspreise festzustellen. Wenn auch in dem Depressionsjahre 1926 die Löhne nicht fielen, sondern sich konstant hielten, stieg doch nach Ausschaltung der Saisonschwankungen die Arbeitslosigkeit an, um in dem folgenden Jahre des Aufschwungs wieder stark abzusinken. Analog zu der stark steigenden Produktionskurve und zu dem ebenfalls ansteigenden Lebenshaltungsindex stiegen auch die Löhne. Es ist m. E. unmöglich, einen kausalen Zusammenhang zwischen der Lohnsteigerung und dem gleichzeitigen Sinken der Arbeitslosigkeit zu konstruieren. Die Periode des konjunkturellen Aufschwungs wird ja gekennzeichnet durch eine starke Ausdehnung der Produktion. Diese hat naturgemäß ein Steigen des Beschäftigungsgrades zur unmittelbaren Folge. Als ein weiteres wesentliches Symptom für einen Konjunkturaufschwung ist das Ansteigen des Preisniveaus und demzufolge auch das Steigen der Lebenshaltungskosten anzusehen. Daß in einer solchen Epoche allgemeiner wirtschaftlicher Expansion auch die nominalen Lohnpreise erhöht werden, dürfte als durchaus gerechtfertigt anzusehen sein, zumal, da ja zu den charakteristischen Wesensmerkmalen des konjunkturellen Aufschwungs unter anderem auch Lohnsteigerung und Sinken der Arbeitslosigkeit gehören. Trotzdem ist gerade in jener Zeit des Aufschwunges und der stark verminderten Arbeitslosigkeit ein nur geringes Steigen um nicht ganz 5 % des durchschnittlichen Reallohnes zu verzeichnen gewesen. In

[6]) Wagemann, Wochenbericht des Instituts für Konjunkturforschung Nr. 46 vom 17. Februar 1932.

den folgenden Jahren des konjunkturellen Abschwunges ist der Lohn zunächst weiter gestiegen, um dann während des Jahres 1930 konstant zu bleiben. Da bereits Ende 1929 die Lebenshaltungskosten anfingen, sehr stark abzusinken, erhöhte sich, obgleich der Nominallohn angenähert konstant blieb, das Realeinkommen der Arbeiter. Zu gleicher Zeit sank die Produktion, die sich nach dem vorübergehenden Rückgang infolge der Aussperrungen in der Metallindustrie im November 1928 für kurze Zeit noch einmal erholt hatte, innerhalb von 2½ Jahren um rund 46 %. Naturgemäß stieg in der gleichen Zeit die Zahl der Arbeitslosen analog dem Fallen der Produktion. Wenn auch der Nominallohn vom Dezember 1930 ab dauernd gesenkt wurde, so fielen doch die Lebenshaltungskosten mit gleicher Geschwindigkeit, sodaß sich der Reallohn noch ein Jahr lang auf angenähert der gleichen Höhe halten konnte und erst im Januar 1932 um 5,3 % zurückging[7][8].

Bei einem Vergleich der Kurve, die die Entwicklung der absoluten Zahl der Arbeitslosen widerspiegelt, mit der saisonbereinigten Arbeitslosenkurve ist die Tatsache besonders auffallend, daß in den Monaten November und Dezember der Jahre 1930 und 1931, während die Zahl der Arbeitslosen dauernd stieg, die Kurve der saisonbereinigten Arbeitslosenzahl um 9,3 % resp. um 17,3 % zurückging. Während der betreffenden zwei Monate stieg die absolute Zahl der Arbeitslosen 1930 von 3 529 000 auf 4 658 000, also um 32 %, und im Jahre 1931 von 5 026 000 auf 6 044 000, also um 20,3 %. Es ist als besonders merkwürdige Erscheinung anzusehen, daß in den letzten beiden Jahren in den Wintermonaten die Zahl der nicht saisonmäßigen Arbeitslosen fiel, während gleichzeitig eine ungeheure Steigerung der Zahl der effektiv arbeitslos Gewordenen eintrat, während umgekehrt in den Sommermonaten, in denen die absolute Zahl der Arbeitslosen zurückging, die saisonbereinigte Arbeitslosenkurve jedoch stieg. Sucht man hierfür nach einer Erklärung, so mag man sie in folgender Hypothese finden: im Sommer wird ein Teil der Arbeitslosen in die Saisonberufe — also vor allem in Landwirtschaft, Bergbau, Industrie der Steine und Erden — eingestellt, woraus ein Sinken der Arbeitslosigkeit resultiert. Da aber gleichzeitig die industrielle Produktion, die naturgemäß nicht saisonbedingt ist, dauernd sinkt, werden hier neue

---

[7]) Der Nominallohn betrug im Dezember 1930 Rpf. 107,3 und fiel bis zum November 1931 auf Rpf. 100,1, also um 6,8 %; in der gleichen Zeit fiel der Lebenshaltungsindex von 141,6 auf 131,9, also ebenfalls um 6,8 %, sodaß der Reallohn konstant blieb.

[8]) Für eine eingehendere Untersuchung der Beziehungen in der Entwicklung von Lohnhöhe und Arbeitslosigkeit wäre m. E. die zweckmäßigste Methode die gewesen, beide Phänomene derart spezialisiert zu durchforschen, daß Lohn- und Arbeitslosigkeitsentwicklung jeweils nur für einen einzigen Berufszweig und für einen bestimmten Bezirk beobachtet würden. Wie bereits im Vorwort hervorgehoben wurde, standen aber derartig spezialisierte Gliederungen des Materials nicht zur Verfügung, und so mußten die allgemeinen Daten für sämtliche Berufsgruppen und für das ganze Reich herangezogen werden. Selbstverständlich sind daher die Ergebnisse nur als Durchschnittswerte mit all ihren Gefahren anzusehen.

Arbeitskräfte frei; die Zahl der nicht saisonbedingten Arbeitslosen müßte also im Sommer steigen. Das Freiwerden von Arbeitern an dieser Stelle wurde aber überkompensiert durch die Zahl der in den Saisonberufen Aufnahme findenden Arbeitskräfte. Daher erklärt sich das Sinken der nichtsaisonbereinigten Arbeitslosigkeit in den Sommermonaten. Analog mag der Rückgang der saisonbereinigten Arbeitslosigkeit während der Monate November und Dezember zu erklären sein: in den Saisonberufen werden die Arbeitskräfte im Winter freigesetzt und bewirken so ein starkes Steigen der Arbeitslosigkeit. Ein kleiner Teil dieser Arbeitskräfte wird von den nichtsaisonbeeinflußten Industrien aufgenommen, was einen entsprechenden Rückgang der saisonbereinigten Arbeitslosenkurve zur Folge hat.

Bei dieser Interpretation des Kurvenbildes dürfen auch die Mängel, die einer derartigen Statistik innewohnen, nicht übersehen werden. Diese Mängel liegen vornehmlich in der Zusammensetzung und beschränkten Bedeutung des Reallohnes. Dieser Reallohn stellt ja eine Beziehung dar zwischen Nominallohn und Lebenshaltungsindex. Wenn auch dem Lebenshaltungsindex tatsächliche Haushaltsrechnungen zugrunde liegen, so ist die Allgemeingültigkeit dieser Erhebungen doch zumindest problematisch. Schon der Ausgangspunkt: eine fünfköpfige Arbeiterfamilie, dürfte heute kaum noch als Norm anzusehen sein. Beim Arbeiten mit dem Lebenshaltungsindex muß ferner auf die Unvollkommenheit Rücksicht genommen werden, die darin liegt, daß die prozentuale Verteilung der Einkommen auf die verschiedenen Güterarten und -klassen individuell und regional zu verschieden ist, um bei der beschränkten Zahl der Erhebungen einen genauen Durchschnittswert erkennen zu lassen.

Abgesehen von dieser technischen Problematik des Reallohnes darf man doch nicht ohne weiteres das Steigen dieser Kurve dahin deuten, daß, da das Realeinkommen gestiegen ist, auch die Lebenshaltung in Deutschland sich gehoben hat; denn neben den Arbeitern, die tatsächlich dieses Einkommen beziehen, stehen heute mehr als 6 Millionen, die lediglich auf die niedrigen Unterstützungssätze der Arbeitslosen-, Krisen- und Wohlfahrtskassen angewiesen sind, und außerdem noch weitere Millionen, die zwar den Lohnpreis bekommen, aber infolge von Kurzarbeit[9]) ein viel geringeres Lohneinkommen beziehen.

B. Problematik.

1. Argumente der Arbeitgeber.

Dieses Zahlenmaterial wird nun von den beiden Parteien, von den Arbeitgeber-Verbänden und von den Gewerkschaften, als Unterlage für die theoretische Begründung ihrer Forderungen benutzt. Beide bringen die statistischen Daten der Arbeitslosigkeit und der

[9]) Von 100 Gewerkschaftsmitgliedern waren nach den Angaben aus „Wirtschaft und Statistik" 22,8 Kurzarbeiter (s. Anhang Tabelle 3).

Lohnentwicklung in ursächlichen Zusammenhang und setzen eine derartige Verbindung in Beziehung mit denjenigen anderen Wirtschaftsgrößen, die ihnen zur Beweisführung ihrer Theorien gerade am geeignetsten erscheinen. So beweisen beide Parteien mit ursprünglich demselben Zahlenmaterial nur allzu oft ihre gegenteiligen Argumente und reden so ohne eigentliches Verständnis unfruchtbar aneinander vorbei. Jeder schiebt jedem die Schuld an der dauernden Verschärfung der Wirtschaftskrisis zu. Beide Parteien haben gemeinsam das größte Interesse daran, daß diese Krisis ein Ende finden möge; beide Parteien versuchen aber mit oft entgegengesetzten Mitteln, die Wirtschaftsdepression zu überwinden. Und so ist es möglich geworden, daß trotz des gleichen Zieles eine Gegnerschaft zwischen den beiden Verbandsgruppen sich herausgebildet hat, die selbst in persönlichem, sachlichem Gespräch mit Führern der beiden Richtungen erbittert immer wieder zum Ausdruck gebracht wurde.

Die Arbeitgeber-Verbände greifen die Politik der Gewerkschaften an, indem sie behaupten, die künstliche Hochhaltung des Lohnniveaus durch die Gewerkschaften sei Ursache der Verschärfung des wirtschaftlichen Tiefstandes, und somit hätten die Gewerkschaften selber Schuld an dem dauernden Ansteigen der Zahl der arbeitslos Gewordenen. So schreibt Cassel, dessen theoretische Einstellung den Argumentationen der Arbeitgeber weitgehend entspricht, in „Soziale Praxis"[10]: „Es ist klar, daß die Arbeitslosigkeit stets auf einer mangelhaften Anpassung der zur Verfügung stehenden Arbeitskräfte an die vorhandenen Bedürfnisse beruhen muß. Wenn die Arbeitskraft mit vollkommener Beweglichkeit sofort nach der jeweiligen Marktlage eingestellt werden könnte, so würde immer volle Beschäftigung vorhanden sein. Deshalb ist jedes Hindernis, das sich der vollen Beweglichkeit der Arbeitskraft entgegenstellt, eine Ursache zur Arbeitslosigkeit. Wünscht man die Arbeitslosigkeit rationell zu bekämpfen, muß man also vor allem alle Hindernisse gegen die Beweglichkeit der Arbeitskraft aus dem Wege räumen, unter ihnen vor allem die Monopol-Politik der Gewerkschaften. Es ist kein Zufall, daß die Tendenz der Arbeitslosigkeit, permanent zu werden, am stärksten in den Ländern hervortritt, wo eine geschlossene Gewerkschaftspolitik ihre höchste Machtentwicklung erreicht hat."

Dieses Zitat von Cassel umreißt prägnant einige der Hauptangriffspunkte der Unternehmer: Kampf gegen die Machtpolitik der Gewerkschaften und Kampf gegen den starren Tariflohn. Die Arbeitgeberverbände sehen in den Bestrebungen der gewerkschaftlichen Organisationen den Versuch, den Absatz der „Ware" Arbeit kartellmäßig zu binden und sich so eine Monopol- und Machtstellung zu sichern. Die Diskussion über die Höhe des Lohnes ist keine wirtschaftliche mehr; exogene, soziale und machtpolitische Gesichtspunkte entscheiden bei der Festsetzung der Tarife, vor allem aber richtet sich

[10]) Cassel, Soziale Praxis (21. Oktober 1926 Nr. 42), zitiert in der Gewerkschaftszeitung vom 30. Oktober 1926.

der Kampf gegen die Starrheit der Tariflöhne. Früher, solange die Arbeiter nur geringen politischen Einfluß besaßen — so argumentieren die Arbeitgeber —, waren die Tarife ein Schutzmittel, das die Arbeiter vor Ausbeutung bewahrte. Heute haben sie einen gut organisierten starken Einfluß auf die Gestaltung der staatlichen Politik, und es wäre auch ohne Tarife unmöglich für den Arbeitgeber, den Arbeitern die wirtschaftlich günstigsten Lohn- und Arbeitsbedingungen vorzuenthalten. Um also dem Arbeitnehmer einen den wirtschaftlichen Verhältnissen angemessenen Lohnanteil zu garantieren, bedarf es keineswegs mehr der unbeweglichen Tarifabkommen, deren Schäden das gesamte Wirtschaftsleben beeinträchtigt. Abgesehen davon, so sagen die Arbeitgeber, daß sich die Lohnhöhe den Konjunkturschwankungen anpassen soll, ist auch vom rein betrieblichen Standpunkt aus gesehen eine freie betriebsindividuelle Lohnfestsetzung erstrebenswert. Für jeden Betrieb sind die Produktionsbedingungen andere; sie richten sich vornehmlich nach dem Standort der Unternehmung. Betriebe, die an Frachten und Rohstoffpreise sparen können, sind weit eher in der Lage, höhere Löhne zu zahlen als andere, die unter weniger günstigen Produktionsbedingungen arbeiten müssen.

Für den Unternehmer ist der Lohn ein Unkostenfaktor; je geringer dieser ist, desto billiger kann er produzieren. Er kann also bei einem den Konjunkturverhältnissen angepaßten Lohn Grenzaufträge hereinnehmen, die er bei einem höheren Lohnniveau als unrentabel hätte zurückweisen müssen. Dadurch kann er bei niedrigem Lohn seine Produktion erweitern und von Arbeiterentlassungen absehen.

Die Arbeitgeber sehen also in der Unbeweglichkeit der Löhne eine wesentliche Ursache für das ständige Steigen der A r b e i t s - l o s i g k e i t. So schreibt Jacques Rueff[11]): „Durch Unbeweglichkeit der Löhne kann der Lohnstand der Arbeiter, die beschäftigt sind, etwas höher gehalten werden, als es bei freiem Wettbewerb sein würde; aber andere sind dadurch zur Arbeitslosigkeit verdammt . . ." Und weiter schreibt er: „Es ist klar, wenn die Löhne und Zinsen ihre eigene Höhe von selbst finden können, werden sie sich so ausgleichen, daß die ganze Bevölkerung notwendigerweise Arbeit findet. In diesem Falle kommt ein Überschuß an Bevölkerung, für den sich keine Arbeit finden läßt, gar nicht in Frage. Zu jedem Zeitpunkt wird die gesamte Bevölkerung immer Arbeit finden können, jedoch zu einem Lohn, der durch die Marktverhältnisse bestimmt wird. Es kann nur eine ständige Arbeitslosigkeit eintreten, wenn ein Mindestlohn festgelegt wird, der über dem von selbst sich bildenden liegt, da ja dies zugleich bedeutet, daß alle Arbeiter zu ständiger Arbeitslosigkeit verurteilt werden, die nur Arbeit zu einem niedrigeren als dem festgesetzten Mindestlohn finden können." Um einen erfolgreichen Kampf

---

[11]) Jacques Rueff: „L'assurance chômage cause du chômage permanent" in „Revue d'économie politique", zitiert von F. Maurett in der Internationalen Rundschau der Arbeit, Heft 1, Januar 1932, pag. 9 u. pag. 15/16.

gegen die Arbeitslosigkeit führen zu können, muß also vor allen Dingen die Starrheit der Tarife aufgehoben, zumindest aber gelockert werden. Einen recht interessanten Vorschlag zur Überwindung der Lohnstarre, ohne radikale Ausschaltung der Tarifbestimmungen, veröffentlicht die „Kölnische Zeitung" vom 21. Februar 1931[12]): „Durch Verordnung der Reichsregierung soll jedes Unternehmen in Deutschland für eine begrenzte Zeit berechtigt werden, bei fünftägiger Arbeit von den nach den geltenden Tarifen und Verträgen berechneten Wochenlöhnen 5 %, bei sechstägiger Arbeit 15 % zu kürzen; oder anders formuliert: bei Beschäftigung eines Arbeiters bis zu 35 Stunden in der Woche ist der volle Lohn zu zahlen. Bei Mehrbeschäftigung wird der Wochenverdienst gekürzt, und zwar für jede über 35 hinausgehende Arbeitsstunde um 1 %, bei Arbeit von 50 und mehr Stunden um 15 %." Als Beispiel wird die Staffelung an dem Einkommen eines Arbeiters demonstriert, der einen Stundenlohn von RM 1,— verdient:

35 Stunden Arbeitszeit pro Woche	RM 35,—	
36 Stunden Arbeitszeit pro Woche	RM 35,64	(Abz. 1 % — 0,36)
40 Stunden Arbeitszeit pro Woche	RM 38,—	(Abz. 5 % — 2,—)
44 Stunden Arbeitszeit pro Woche	RM 40,04	(Abz. 9 % — 3,96)
48 Stunden Arbeitszeit pro Woche	RM 41,76	(Abz. 13 % — 6,24)
52 Stunden Arbeitszeit pro Woche	RM 44,20	(Abz. 15 % — 7,80)

Der Vorteil, den sich der Autor dieses Vorschlages verspricht, liegt darin, daß einmal der Arbeiter bei Mehr- und Vollarbeit immer noch ein genügendes Lohneinkommen bezieht, und daß das so gestaffelte Opfer, das er bringen muß, erträglicher ist als eine generelle Tarifsenkung. Man erhofft aber, und das ist das Wesentliche, vor allem für den Unternehmer neben Kostenverbilligung einen Anreiz geschaffen zu haben, der ihn zu erhöhter Produktion und damit zur besseren Ausnutzung der Kapazität veranlaßt. Die Folge davon würde sein: Steigerung der Konkurrenzfähigkeit durch Preissenkung, dadurch Steigerung der Ausfuhr und zugleich Steigerung der Kaufkraft im Inland. Dieser an sich sehr verlockende Vorschlag übersieht m. E. die eine Tatsache, daß der Lohnanteil am Produkte gar nicht die ausschlaggebende Bedeutung mehr hat, die nötig wäre, um mittels dieser Staffelung eine erhöhte Produktion zu ermöglichen. Nach Berechnungen von B. Skrodzki und K. E. Moessner[13]) hat der Anteil der Lohnkosten am Umsatz im Durchschnitt aller Industriezweige im Jahre 1927 etwa 30 % betragen. Die verstärkte Durchführung von Rationalisierungsmaßnahmen in den Jahren 1928 und 1929 dürfte diesen Pro-

[12]) Dr. W. Kind, Remscheid, Kölnische Zeitung vom 21. Februar 1931.

[13]) „Besteuerung, Ertrag und Arbeitslohn industrieller Unternehmungen im Jahre 1927", Berlin 1929 (zitiert in „Der Arbeitgeber", Heft 22 vom 15. November 1929, pag. 610).

zentsatz weiter herabgedrückt haben. Aber selbst diesen relativ zu hohen Prozentsatz angenommen, wirkt sich selbst die rigorose 10-prozentige Lohnsenkung im Januar 1932 mit nur 3 % auf den Gesamtumsatz aus.

Der Kernpunkt des ganzen Lohnkampfes ist aber nicht die Starrheit der Tariflöhne, sondern ihre Höhe. Die Arbeitgeber werfen den Gewerkschaften vor, daß sie unbekümmert um die Entwicklung der Volkswirtschaft und der Konjunktur mit allen machtpolitischen Mitteln einen möglichst hohen Lohn zu erkämpfen versuchen, ohne Rücksicht darauf, ob die einzelnen Industrien so hohe Löhne überhaupt tragen können. In einer Denkschrift[14]) begründen die Arbeitgeberverbände ausführlich die wirtschaftliche Notwendigkeit niedriger Löhne in Deutschland. Sie argumentieren: Krieg und Inflation haben einen beträchtlichen Teil des deutschen Kapitals vernichtet. Um den Kapitalmangel zu beheben, war es notwendig, teure Auslandsgelder aufzunehmen. Die Produktion muß also heute zusätzlich Verzinsung und Amortisation des Fremdkapitals aufbringen; darüber hinaus aber in „beschleunigtem Tempo" einen Gewinn erzielen, der eine eigene Kapitalbildung ermöglicht. Hinzu kommt noch die schwere steuerliche und soziale Belastung der Betriebe. Die Denkschrift bezieht sich hierbei auf Veröffentlichungen des Reichsverbandes der deutschen Industrie (Heft 36, Berlin, September 1927, pag. 46 ff.), in denen festgestellt wird, daß „die Gesamtbelastung der untersuchten industriellen Unternehmungen 1925 das 11,34fache, bzw. ohne Umsatzsteuer das 8,76fache der Gesamtsteuerbelastung im Wirtschaftsjahr 1913 betrug". Dazu kämen noch — nach den Angaben der zitierten Denkschrift — die Aufwendungen für Sozialversicherungen, die sich von 1913 (von 1226 Millionen M) bis 1927 (auf 4800 Millionen RM) annähernd vervierfacht haben. Trotz dieser Belastungen hat sich der tarifliche Lohn — nach Berechnungen des Reichsverbandes der deutschen Industrie — in den vier Jahren der Inflation um 70 % erhöht, was bei einem durchschnittlichen Überverdienst von 15 bis 25 % eine tatsächliche Lohnsteigerung von 80 bis 90 % bedeutet. Wenn auch, so fährt die Denkschrift fort, bisher diese schnellen Lohnsteigerungen durch das scharfe Tempo der Rationalisierung ausgeglichen werden konnten, so muß man beachten, daß die Rationalisierungsmöglichkeiten weder technisch noch finanziell unbegrenzt sind. In Zukunft dürfte eine Senkung der Selbstkosten als ausgeschlossen anzusehen sein.

Das Steigen der Reallohnkurve (s. Kurve I) beweist, daß die Lohnerhöhungen nicht nur nominale gewesen sind, sondern daß die Steigerung der Lebenshaltungskosten nicht mit der Lohnentwicklung Schritt gehalten hat. Zu einem analogen Ergebnis kommt eine Tabelle, die „Der Arbeitgeber"[15]) im September 1929 veröffentlicht:

---

[14]) „Denkschrift zur Lohnbewegung", herausgegeben von der Vereinigung der deutschen Arbeitgeberverbände E. V., Berlin, im Februar 1928, II. Abschnitt, pag. 3—4.

[15]) „Der Arbeitgeber" Nr. 18 vom 15. September 1929, pag. 503.

Zeit	Gelernte Arbeiter	Ungelernte Arbeiter	Lebenshaltungskosten in % von 1913
	Gewogener Durchschnitt in % von 1913		
1925	121,6	134,9	139,6
1926	130,6	145,2	141,1
1927	137,2	153,5	147,6
1928	146,9	167,0	151,7
1929 (1. Vierteljahr)	151,1	174,6	154,7
Juli 1929	155,6	179,7	154,4
Steigerung um (Punkte)	34	44,8	14,8

Wenn auch der etwas primitive Vergleich der Punkte an sich äußerst problematisch ist, so ist doch auch hier aus der Gegenüberstellung der einzelnen tatsächlichen Daten selbst festzustellen, daß seit der Stabilisierung der deutschen Währung de facto eine Nominal- und Reallohnsteigerung erfolgt ist. Und in dieser Lohnerhöhung wird von Arbeitgeberseite aus eine der wesentlichsten Ursachen der Wirtschaftskrise und der Arbeitslosigkeit gesehen. Denn, so argumentieren die Unternehmer: Lohnerhöhung bedeutet Steigerung der Gestehungskosten, diese wiederum ist Ursache der Verteuerung der Produktion, die entweder eine Preiserhöhung oder eine Gewinnschmälerung zur Folge hat. Tritt eine Preiserhöhung ein, so ist die Wirkung der Lohnerhöhung durch Schmälerung des Realeinkommens illusorisch geworden. Wird dagegen die Lohnerhöhung durch Gewinnschmälerung ausgeglichen, so bedeutet das Verringerung der Kapitalbildung, welche zur Folge hat, daß die Konkurrenzfähigkeit dem Ausland gegenüber in Frage gestellt wird, da die Kapitalien fehlen, die zum Ausbau des Produktionsapparates notwendig sind. Für kurze Zeit ist es aber auch möglich, eine Lohnerhöhung zu kompensieren, ohne daß eine Preissteigerung resp. Gewinnschmälerung eintritt; das ließe sich durchführen, wenn die Lohnerhöhung durch Verbilligung anderer Produktionsfaktoren ausgeglichen werden kann; das heißt vornehmlich, wenn durch Rationalisierung Einsparungen erzielt werden können. Daß dies sowohl technisch als auch finanziell nur beschränkt möglich ist, ist bereits an anderer Stelle hervorgehoben worden. Den gleichen Gedankengang bringt Felix Pinner in anderer Formulierung, indem er im „Berliner Tageblatt" schreibt[10]: „Die Erhöhung der Lohnausgaben je Produktionseinheit wird entweder den Unternehmergewinn mindern oder aber den Preis des Fabrikats erhöhen. Im letzteren Falle würde fast durch die ganze Wirtschaft hin eine Senkung des Reallohns eintreten, die den erwarteten Vorteil aus der nominalen Lohnerhöhung für die Arbeitnehmerschaft wieder zunichte machen müßte. Im ersteren Falle würde die Akkumulationsquote für das Unternehmerkapital zusammenschrumpfen und als Folge davon eine Stockung des laufenden

[10]) Dr. Felix Pinner, „Berliner Tageblatt" vom 9. März 1930.

Investitionsprozesses eintreten, die aufs neue Arbeitslosigkeit und um so stärkere Arbeitslosigkeit erzeugen müßte, je kräftiger der Eingriff in die Akkumulation durch die Kaufkrafttheorie gewesen wäre."

Auf die Tatsache der Unmöglichkeit, eine genügende Kapitalakkumulation zu gewährleisten, weist Dr. Köttgen, der Vorsitzende der Vereinigung deutscher Arbeitgeberverbände hin, wenn er sich sowohl gegen die hohen Löhne, als auch vor allem gegen das gleichzeitige Steigen der Steuern und sozialen Lasten bei sinkender Produktion wendet. Dr. Köttgen führte in einer programmatischen Rede aus[17]), daß „von dem heute noch etwa 50 Milliarden Mark betragenden Volkseinkommen der Staat mit fast 28 Milliarden Mark mehr als die Hälfte beanspruche; weitere 8½ Milliarden Mark — gegen 2 Milliarden Mark im Jahre 1913 — seien für die soziale Fürsorge notwendig. Die Aufteilung des Restes zwischen Arbeitnehmern und Unternehmern geschehe durch staatliche Lohnfestsetzung. Für eine ausreichende Kapitalbildung der Wirtschaft bleibe seit 14 Jahren kein Raum". Köttgen wendet sich hier vor allem gegen die überhöhten Steuern und sozialen Abgaben und gegen die staatlichen Eingriffe bei der Festsetzung der Lohnhöhe. Von dem auf 50 Milliarden RM geschätzten Volkseinkommen werden hiernach etwa 36½ Milliarden RM für steuerliche und soziale Zwecke vorweggenommen. Es verbleiben nur mehr 13½ Milliarden RM, die als Fonds dienen, aus dem der Unternehmergewinn und der Lohn bestritten werden soll, und der außerdem noch für die notwendige Kapitalakkumulation herangezogen werden muß.

Vom Arbeitgeberstandpunkt aus sieht sich die Einstellung der Gewerkschaften folgendermaßen an: Der Konsum ist der Primärfaktor für eine Entfaltung der Produktion. „Eine Überwindung der Krise und ein dauernder Fortschritt der Wirtschaft ist nur möglich durch eine Vermehrung der Massenkaufkraft durch die Hebung des Lebensstandards der breiten Masse"[18]). Diese Theorie ist das Bollwerk, hinter welches sich die Gewerkschaften verschanzen. Sie ist eine Forderung, deren restlose Erfüllung letztlich nichts anderes bedeutet, als daß der Teil des Unternehmergewinns, der über die Reproduktion hinausgeht, dem Arbeiter als Konsumenten voll und ganz zugute kommen soll. Diese Kaufkrafttheorie[19]) wird nun in ursächlichen Zusammenhang mit der Wirtschaftskrisis gebracht, und es wird die Meinung vertreten, daß die Krise durch Lohnerhöhungen überwunden werden könnte. Dieser gewerkschaftlichen Theorie, die in ihrer einfachen schlagwortartigen Knappheit populär geworden ist, haben die Arbeitgeber nichts entgegenzusetzen, was, wie die Kauf-

[17]) „Berliner Tageblatt" vom 21. April 1932.

[18]) F. Tarnow, „Gewerkschaftliche Lohnpolitik" im „Hamburger Echo" vom 14. September 1926.

[19]) Auf die Kaufkrafttheorie wird später noch genauer einzugehen sein. Hier sei vorläufig nur festgestellt, daß von gewerkschaftlicher Seite die Kaufkrafttheorie in Zusammenhang mit der Wirtschaftskrisis gebracht wird.

krafttheorie, zugleich logische Theorie, als auch schlagwortartiges Allheilmittel darstellt. Die klassischen Lohntheorien spiegeln keine Interessen wider, sondern sie verkörpern eine nationalökonomische Gesetzmäßigkeit, die in ihrer kalten Konsequenz nicht geeignet ist, für die Ideen und Notwendigkeiten der Unternehmerschaft über den eigentlichen Kreis hinaus zu werben. So versuchen die Arbeitgeber die Kaufkrafttheorie in erster Linie durch tatsächliche Ereignisse zu widerlegen. Im März 1930, zu einer Zeit, in der der Reallohn noch in ständigem Steigen begriffen war, schreibt Pinner[20]: „Wenn die Kaufkrafttheorie in der Praxis tatsächlich die Wirkung gehabt hätte, die man ihr zuschreibt, so ist es doch immerhin merkwürdig, daß wir nach etwa sechs Jahren angewandter Kaufkrafttheorie, das heißt in diesem Falle systematischen Aufbaues der nominalen Löhne heute ein nicht unbeträchtliches Arbeitslosenheer haben". Selbst in den Vereinigten Staaten von Nordamerika, wo die Kaufkrafttheorie mit Hilfe einer ausgedehnten Konsumfinanzierung bis zur letzten Konsequenz durchgeführt ist, ist die „ewige Prosperity" zusammengebrochen; eine Tatsache, die die Unternehmer als Beweis dafür ansehen, daß die Kaufkraft der Massen in keinem direkten Kausalzusammenhang mit der Wirtschaftskrisis steht.

Die Lohnhöhe, so argumentieren die Arbeitgeber, ist ein Resultat der Gesetze im wirtschaftlichen Geschehen. Nicht der Lohn bestimmt die Intensität der Produktion, sondern er wird vielmehr gebildet aus der Gesetzmäßigkeit des Marktmechanismus. Etwas ironisch meint Oppenheimer[21], der in seiner Theorie allerdings von der Landarbeiterfrage ausgeht: „In der Tat blühen die Gewerkschaften, weil der Lohn steigt, nicht aber steigt der Lohn, weil die Gewerkschaften blühen". Er weist das ausführlich an Hand der Tatsachen nach, daß der Landarbeiter seit etwa 60 Jahren seinen realen Lohn um 150% gesteigert hat, während „hier niemals eine Andeutung einer Gewerkschaft, eines irgendwie gearteten Zusammenschlusses zur Hebung der Lebensbedingungen bestand. Der Lohn ist gestiegen lediglich aus dem einen Grunde, weil, dank der Abwanderung, das Verhältnis von Angebot und Nachfrage sich für die Arbeiter günstig einstellte".

Auf das Angebot an Arbeitskräften wirkt der Altersaufbau der Bevölkerung ein, der sich strukturell verändern kann. Für die Arbeitgeber liegt heute jedoch ein potenzielles Überangebot an Arbeitskräften vor, sodaß eine Nachfrage nicht auf Verknappung des Angebotes stößt. Aus dieser Tatsache der „industriellen Reservearmee" ergibt sich, daß der Marktmechanismus nicht mehr allein die Lohnhöhe bestimmen kann, da die ausgleichende Funktion der in der Stärke wechselnden Nachfrage und des Angebotes gestört ist. Aber trotz der Möglichkeit eines Lohndruckes ist der Arbeitgeber de facto nicht an sinkenden Löhnen interessiert, sofern die Produktion im

---

[20]) Dr. F. Pinner, „Berliner Tageblatt" vom 9. März 1930.

[21]) Oppenheimer, „Theorie der reinen und politischen Ökonomie", zitiert von Th. Brauer in „Gewerkschaft und Volkswirtschaft", Jena 1912, pag. 39.

Steigen begriffen ist. Diese Erwägung führt zu der Produktivitätstheorie von H. Dietzel[22]: „Die Bewegung der Produktivität der Volkswirtschaft, die reflektiert in der Bewegung des Preisniveaus, bildet die oberste Ursache der Bewegung des nationalen Lohnniveaus, der durchschnittlichen Lohnrate. Steigerung der Produktivität bewirkt auf die Dauer und allgemein Erhöhung des Arbeits-, Erniedrigung des Besitzeinkommens. Minderung der Produktivität bewirkt auf die Dauer und allgemein Erniedrigung des Arbeits-, Erhöhung des Besitzeinkommens . . . Der Lohn steigt und fällt mit der Produktivität". Der gewerkschaftlichen Kaufkrafttheorie steht hier also die Produktivitätstheorie von Dietzel gegenüber, die als theoretische Widerlegung der Behauptung, daß der Konsum Primärfaktor in der Wirtschaft sei, anzusehen ist.

Neben dem Lohnproblem wird von gewerkschaftlicher Seite immer wieder die Notwendigkeit betont, dem Rückgang der Produktion durch Arbeitszeitverkürzung zu begegnen, um so von Entlassungen Abstand nehmen zu können. Zu dieser Forderung nimmt der Vorstand der Vereinigung der deutschen Arbeitgeberverbände Stellung, indem er seine „Beschlüsse zur Arbeitslosenfrage" im Oktober 1930 veröffentlicht. Es heißt dort: „Die in verschiedenen Formen vorgeschlagene schematische oder generelle Verkürzung der Arbeitszeit, um die vorhandene Arbeit auf eine größere Zahl von Arbeitnehmern zu verteilen oder die Entlassung von Arbeitnehmern zu vermeiden, ist kein geeignetes Mittel zur Verringerung der Arbeitslosigkeit. Eine derartige Maßnahme muß im Gegenteil in ihren Folgen die Arbeitslosigkeit vergrößern, da sie eine Einengung der gerade für die Arbeitszeit unerläßlichen Bewegungsfreiheit der Betriebe und darüber hinaus fast immer eine Steigerung der Produktionskosten bedeutet. Eine Verminderung der Arbeitslosigkeit ist lediglich durch Selbstkostensenkung möglich, die auf dem hier in Betracht kommenden Gebiete bei der unmittelbaren Verbindung zwischen Arbeitszeit und Lohn nur durch Senkung des Lohnes — unter Umständen auch in Form der Arbeitszeitverlängerung unter Aufrechterhaltung des bisherigen Gesamtlohnes[23]) — erreicht werden kann. Hieraus ergibt sich die Ablehnung eines gesetzlichen Zwanges zur Verkürzung der Arbeitszeit". Abgesehen von der privatwirtschaftlichen Rentabilität versucht Pietrkowski MdRWR. im „Arbeitgeber"[24]) nachzuweisen, daß eine Arbeitszeitverkürzung von 48 auf 40 Wochenstunden gar nicht den erhofften volkswirtschaftlichen Nutzen bringen kann. Bei einer Verkürzung der Arbeitszeit um acht Stunden können ein Sechstel (also etwa drei Millionen) der heute in Arbeit Stehenden

---

[22]) H. Dietzel, „Das Produzenteninteresse der Arbeiter und die Handelsfreiheit", Jena 1903, pag. 86.

[23]) Es darf anzunehmen sein, daß diese Forderung der Arbeitszeitverlängerung lediglich der logischen Konsequenz wegen aufgestellt wurde, daß sie aber nicht als praktische Forderung anzusehen ist

[24]) Pietrkowski (MdRWR): „Arbeitslosenproblem" in „Der Arbeitgeber" Heft 1 vom 1. Januar 1931.

mehr beschäftigt werden. Gleichzeitig müßte aber bei der Durchführung eine entsprechende Lohnsenkung um 16⅔% als Ausgleich erfolgen. Die arithmetisch errechnete Zahl von drei Millionen könnte aber de facto niemals durch Arbeitszeitverkürzung zusätzlich beschäftigt werden; denn eine schematische Durchführung dieses Prinzips sei unmöglich. In vielen Betrieben wird schon jetzt nur mehr mit Kurzarbeit gearbeitet, sodaß durch ein Arbeitszeitverkürzungsgesetz in diesen Unternehmungen keine zusätzliche Beschäftigung mehr geschaffen werden kann. Fernerhin kommen für eine zusätzliche Beschäftigung durch Arbeitszeitverkürzung die zahlreichen Zwergbetriebe unter fünf Arbeitern nicht in Betracht; und ebenfalls alle diejenigen Unternehmen, die technisch nicht in der Lage sind, mehr Arbeiter zu beschäftigen, ohne ihren ganzen Produktionsapparat wesentlich vergrößern zu müssen. Auch da, wo besondere Branche- und Fachkenntnisse gefordert werden, und bei den Arbeiten, die von einem Arbeiter zu Ende geführt werden müssen, würden sich Schwierigkeiten in der Durchführung ergeben. Endlich weist Pietrkowski noch auf die Tatsache hin, daß bei einer so starken Lohnsenkung, wie es bei einer Arbeitszeitverkürzung um ein Sechstel notwendig wäre, eine Reihe von Löhnen unter die Sätze der Arbeitslosenversicherung fallen würden. Aus all dem zieht auch er den Schluß, daß die Forderung nach Arbeitszeitverkürzung für die Wirtschaft schon aus rein technischen Gründen nicht tragbar sei.

In diese ganze Diskussion, die hier von Arbeitgeberseite aus aufgerollt ist, hat nun die Reichsregierung mit ihrer „Verordnung zur Vermehrung und Erhaltung der Arbeitsgelegenheit" vom 5. Sept. 1932 entscheidend eingegriffen. Sowohl die Arbeitszeit als auch die Lohnhöhe und die Lohnstarre wurden beeinflußt.

Schon im Februar 1931 ist in der „Kölnischen Zeitung" ein Vorschlag veröffentlicht worden, der die Starrheit der Tariflöhne zu lockern versuchte. Es wurde hier, wie auf S. 21 ausgeführt ist, die Arbeitszeit als Basis einer Lohnstaffelung gemacht. Die Verordnung der Reichsregierung hat nun einen grundsätzlich ähnlichen Weg eingeschlagen. Als Ausgangspunkt hat sie die Zahl der in einem Betrieb beschäftigten Arbeiter genommen[25]).

Die Tarifunterschreitung, die dem Arbeitgeber eingeräumt ist, beträgt im Höchstfalle, das heißt bei einer Vermehrung der Belegschaft um 25% und einer Arbeitszeit von 40 Wochenstunden 12,5%.

Die Einwände, die bereits auf S. 21 gegen den Vorschlag der „Kölnischen Zeitung" erhoben worden sind, dürften auch hier ihre Berechtigung haben. Während aber in jenem Vorschlag der einzelne in Arbeit stehende Arbeitnehmer bei Erhöhung der Arbeitszeit de facto doch eine größere Geldsumme als Lohn erhält, hat die Verordnung der Reichsregierung den psychologischen Nachteil, daß die

[25]) Den Wortlaut der „Verordnung zur Vermehrung und Erhaltung der Arbeitsgelegenheit" vergl. in der „Sammlung deutscher Gesetze", Band 148, herausgegeben von J. Bensheimer, Mannheim, Berlin, Leipzig 1932.

in Arbeit stehenden Arbeitnehmer tatsächlich zugunsten ihrer bisher arbeitslos gewesenen Kollegen abgebaut werden.

Es muß nun aber berücksichtigt werden, daß die Pläne der Reichsregierung weitgehender sind als die, die in jenem Vorschlag der „Kölnischen Zeitung" zum Ausdruck kamen. Hier kam es nur darauf an, die Produktion dadurch anzuspornen, daß man gleichsam eine Prämie für die möglichst lange arbeitenden Betriebe aussetzte. Die Reichsregierung will aber gar nicht die volle 48stündige Arbeitswoche, sondern sie schafft geradezu einen Anreiz, die 40stündige Arbeitszeit zu bevorzugen. Damit kämpft auch die Regierung gleichzeitig gegen die übersteigerte Kurzarbeit an, indem sie grundsätzlich die Tarifvergünstigungen auf die 31. bis 40. Wochenarbeitsstunde beschränkt.

Die starren Tariflöhne sind also durch das Eingreifen der Reichsregierung gelockert worden, und es besteht die Möglichkeit, die tarifliche Lohnhöhe zu unterschreiten. Aber sie kann nur unterschritten werden bei gleichzeitiger Vermehrung der Belegschaft, das heißt bei Steigerung der Produktion. Es ist nun die Frage, ob dieser Vorteil der Lohnunterschreitung groß genug ist, um eine Produktionssteigerung wirtschaftlich zu rechtfertigen. Diese Frage haben wir bereits auf S. 21 verneint, indem wir ausführten, daß der Lohnanteil am Gesamtprodukt nicht die ausschlaggebende Bedeutung besitzt, die nötig wäre, um dieses Moment als ersten „Ankurbelungsfaktor" ansehen zu können.

Wäre die jetzt zugestandene Möglichkeit einer Lohnsenkung bis zu 12,5% ohne die Bedingung einer Produktionsausweitung gegeben worden, so wäre den Forderungen der Arbeitgeberschaft Rechnung getragen — wobei dahingestellt bleibt, ob eine Lohnsenkung allein in dem heutigen Stadium der Krisis überhaupt imstande ist, eine Besserung herbeizuführen. Die Unternehmer sollen also veranlaßt werden, ihre Produktion auszuweiten, ohne daß irgendwie eine Möglichkeit geschaffen ist, dieses Mehr an produzierten Gütern auch absetzen zu können. Es wirkt dabei geradezu grotesk, daß gleichzeitig mit dieser Verordnung die Kontingentierungspläne der Reichsregierung in Kraft treten, die die Einfuhr nach Deutschland erheblich einschränken, und notwendigerweise, infolge der Gegenmaßnahmen der übrigen Staaten, zu einer weiteren Schrumpfung des deutschen Exports führen müssen.

Auch eine Steigerung der inländischen Kaufkraft dürfte als sehr zweifelhaft anzusehen sein, da den Neueinstellungen auf Grund der Verordnung Entlassungen bei anderen Betrieben gegenüberstehen. Wenn auch günstigstenfalls durch diese Maßnahmen ein langsameres Ansteigen der Arbeitslosigkeit im Winter erreicht wird, so ist damit keineswegs eine wirtschaftliche Begründung zu einer Produktionsausweitung gegeben.

Wenn die „Frankfurter Zeitung" am 4. Oktober 1932 schreibt: „Es scheinen sich aber auch in der Unternehmerschaft in wachsendem

Umfange Bedenken gegen die Ausnutzung der Bestimmungen über die Tarifsenkungen zu regen, zum Teil im Hinblick auf die Opposition der Arbeiter, zum Teil aber deshalb, weil man sich sagt, daß die Löhne an manchen Stellen tatsächlich eine weitere Herabdrückung nicht mehr vertrügen", so kann man daraus folgern, daß der wirtschaftliche Anreiz zur Ausnutzung dieser Bestimmungen de facto nicht erheblich ist. Nicht nur die Absatzschwierigkeiten einer vergrößerten Produktion sind es, die hier hemmend wirken, sondern auch das Risiko, das in der Gefahr besteht, daß die Lohnsenkungen evtl. zu Streiks führen können, die den vielen wirtschaftlich nicht mehr allzu starken Betrieben erheblichen Schaden zuzufügen imstande sind.

Die Verordnung der Reichsregierung unterscheidet sich trotz der starken Bedenken, die gegen ihre ökonomische Fundierung erhoben werden können, doch in einem Punkte entscheidend von den zahlreichen Vorschlägen, die zur Behebung der Wirtschaftskrisis gemacht worden sind: Die Verordnung der Reichsregierung ist als Gesetz zu einem Faktum im wirtschaftlichen Leben gemacht worden. Diese Verordnung ist nicht das Resultat eines ökonomisch bedingten Entwicklungsungsprozesses; sie ist vielmehr zum Gesetz erhoben auf Grund machtpolitischer Tatbestände. So erhellt schon hier, und daß soll im III. Abschnitt ausführlich dargelegt werden, daß die Höhe und die Form des Lohnes nicht durch ökonomische Gesetze bestimmt wird, daß vielmehr die Verteilung der Güter einer Volkswirtschaft — nicht nur in diesem Falle, sondern stets — Aufgabe machtpolitischer, also wirtschaftsexogener Faktoren ist.

Die Kritik an jeder die Wirtschaft berührenden Erscheinung muß naturgemäß ökonomisch begründet sein; das braucht aber noch keineswegs das Eintreten einer bestimmten Erscheinung zu erklären. Die Tatsache, daß unter unzähligen ökonomischen Projekten stets nur ein ganz bestimmtes verwirklicht wird, ist grundsätzlich machtpolitisch bedingt, und fußt auf dem Einfluß, den sich eine bestimmte Weltanschauung — als Ausgangspunkt — verschaffen konnte.

2. Argumente der Gewerkschaften.

Gegenüber den Arbeitgeberverbänden befinden sich die Gewerkschaften heute in der Verteidigung. Sie haben ihre Ziele, soweit diese fest umgrenzt waren, erreicht, und soweit sich ihre Tätigkeit auf dauernde Verbesserung der wirtschaftlichen und geistigen Lage ihrer Mitglieder erstreckte, haben sie beachtliche Erfolge erzielt. Diese liegen sowohl auf dem Gebiete des Bildungswesens und der Selbsthilfeeinrichtungen, als auch vor allem — und das ist die eigentliche Ursache der überragenden politischen Bedeutung der Gewerkschaften — in der wirtschaftlichen und sozialpolitischen Initiative, die sie zugunsten ihrer Mitglieder entwickelt haben. Die sozialpolitischen Forderungen der Gewerkschaften: Verbesserung des Arbeitsrechts, Schutz der Arbeitskraft durch staatliche Maßnahmen,

Sicherung gegen alle möglichen Unglücksfälle sind zum größten Teil gesichert, und selbst, wo hier noch um Einzelnes gerungen wird, spielen sie nur eine relativ nebensächliche Rolle. Es sind vielmehr die wirtschaftlichen Forderungen der Gewerkschaften: die Forderung nach besserer Lebensmöglichkeit ihrer Mitglieder und die Forderung nach einer günstigen Regelung der Arbeitszeit, die im Brennpunkt der öffentlichen Diskussion stehen.

Gebt den Arbeitern höhere Löhne und verstärkt somit die Kaufkraft der Massen! Wenn der Arbeitnehmer mehr verdient, so kann er mehr Güter konsumieren, es tritt Absatzsteigerung ein; und durch diese Erhöhung des Umsatzes kann der Produktionsapparat besser ausgenutzt werden, und die Arbeitslosigkeit wird verschwinden! Das ist die stereotype Antwort, die jeder Gewerkschaftsfunktionär auf die Frage nach den Möglichkeiten einer Behebung der Wirtschaftskrise gibt. Diese Antwort, die zugleich wirtschaftspolitisches Programm ist, hat im Hinblick auf die taktische Verwertbarkeit zwei unschätzbare Vorteile: einmal ist dieses Gewerkschaftsargument von höchster Popularität, wobei es von keinem geringen Wert ist, daß sich diese Forderung auf eine logisch schlüssige Theorie berufen kann, bei der es nur problematisch ist, ob sie in jeder Konjunkturphase, also auch in Depressionsepochen, anwendbar ist; und ferner ist es eine Forderung und wird stets eine Forderung bleiben, solange es überhaupt eine Differenzierung zwischen Arbeitgebern und Arbeitnehmern gibt. Dies geht eindeutig aus einer Debatte zwischen den Parteien hervor, die im Jahre 1924 stattfand. In einer Denkschrift[26]) stellten die Arbeitgeberverbände offiziell die Frage: „Wir fragen die Gewerkschaft, bei welcher Lohnhöhe mit dieser Lohnpolitik haltgemacht werden soll; wir fragen, ob hier überhaupt ein Ziel gegeben ist, oder ob man in den Gewohnheiten der Inflationszeit beharren will?" Fritz Tarnow, einer der bekanntesten Führer der Gewerkschaftsbewegung, erklärte darauf in Nr. 36 der „Holzarbeiter-Zeitung"[27]), daß das Ziel der gewerkschaftlichen Lohnpolitik sei: „den Arbeitern den vollen Ertrag ihrer Arbeit nach Abzug nur dessen, was zur Erhaltung, Verbesserung und Vermehrung der Produktionsmittel volkswirtschaftlich notwendig ist", zu verschaffen. Es bedeutet diese Erklärung, wenn man sie als programmatisch ansehen will, nichts anderes als Kampf gegen das kapitalistische System als solches.

Verfolgt man den Entwicklungsgang, den der Kampf um den Lohn gegangen ist, so lassen sich drei Phasen erkennen. In der ersten Phase kämpfte man um den nominalen Lohn, bis man erkannte, daß eine nominelle Erhöhung des Lohnes bei gleichzeitiger Steigerung der Lebenshaltungskosten für die Arbeiter völlig wertlos war. Man ging also über zur Forderung nach Erhöhung des Reallohnes. Heute, in

[26]) Denkschrift von der Vereinigung der deutschen Arbeitgeberverbände: „Die Lohnpolitik der deutschen Arbeitgeber", Schriften der Vereinigung der deutschen Arbeitgeberverbände e. V., Heft 7, 1924.

[27]) Zitiert von Dr. H. Potthoff (München) in „Lohnpolitik und Währung" in „Die Arbeit", Heft 5 vom 5. November 1924.

der dritten Phase, kämpfen die Gewerkschaften um den Lohnanteil am Gesamtprodukt, um den Soziallohn, der in bestimmter Relation zu den Preisen und zur Produktivität steht; denn, so schreibt Fritz Tarnow[28]: „Höhere Produktivität ohne entsprechende Erhöhung der Reallöhne bedeutet, daß das hinzukommende Produkt von anderen als den Lohnarbeitern gekauft werden muß; dies bedeutet, daß die soziale Lage des Lohnarbeiters in bezug auf die anderen Konsumenten schlechter wird, weil seine Lebenshaltung nicht im gleichen Verhältnis Fortschritte machen wird wie andere Gruppen. Verschlechterung der sozialen Lage, das heißt Verminderung der Kaufkraft der Massen der Lohnarbeiter im Verhältnis zur nationalen Produktion bringt industrielle Unbeständigkeit, die sich zur industriellen Krisis entwickeln wird".

So betont auch der Unterschied zwischen den gewerkschaftlichen Lohnargumenten und der klassischen Lohntheorie ist, so erinnert die theoretische Formulierung der sozialen Lohnforderung doch stark an Ricardo. Es ist dies die Theorie vom „ausdehnbaren" Lohnfonds, die die „Gewerkschaftszeitung" (Nr. 14 vom 2. April 1927) veröffentlicht. Sie schreibt: „In dem Maße, in dem das verteilbare Produkt (der geschaffene Reichtum an Waren) zunimmt, muß sich auch der Lohnfonds ‚ausdehnen', damit es den Leuten möglich ist, diese Waren zu kaufen".

Entgegen der Produktivitätstheorie von H. Dietzel, sieht die gewerkschaftliche Lohntheorie die primäre Triebkraft zur Verbesserung der Wirtschaftslage im Konsum, das heißt in der Kaufkrafthebung der breiten Masse. Eine Erhöhung der Löhne hat Steigerung der Kaufkraft zur Folge; diese wieder bewirkt eine Vermehrung des Güterverbrauchs, deren Konsequenz wiederum eine Vermehrung der Gütererzeugung ist. Vermehrung der Produktion bringt eine Senkung der Selbstkosten pro Einheit mit sich. So veröffentlichte das „Berliner Tageblatt" im August 1928[29]) eine Berechnung, in der nachgewiesen wurde, daß der Kaufkraftausfall etwa 105 RM pro Kopf des Arbeitslosen im Monat betrage.

Auf Grund dieser Kaufkrafttheorie ist von gewerkschaftlicher Seite eine Krisentheorie entwickelt, die besagt, daß ein Preissturz in der Depression nur gehemmt resp. verhindert werden kann durch Erhöhung der Löhne. Jacob Marschak formuliert diese Theorie in einem Aufsatz „Hohe Löhne und Volkswirtschaft" folgendermaßen[30]:

„Der technische Fortschritt, die bessere Ausrüstung der aus den immer wachsenden Ersparnissen finanzierten Produktionsmittel äußert sich in der Zunahme der Gütermenge. Das müßte jedesmal zu einem Preissturz führen, und der Preissturz für Fabrikate würde stets ein Verlust für die Industrieunternehmer bedeuten, da sie die Rohstoffe in einer früheren Periode, also noch vor dem Preissturz, gekauft

---

28) Fritz Tarnow, „Eine Lohntheorie der amerikanischen Gewerkschaften" in „Gewerkschaftszeitung" Nr. 36 vom 3. September 1927.

29) „Berliner Tageblatt" vom 16. August 1928.

30) „Die Arbeit", Heft 11, 1927.

hätten. Die Verluste müßten zu einer Einschränkung der Produktion, zur Krise, führen. Der Preissturz, die Krise, müßte ebenso sprunghaft eintreten wie auch die technischen Verbesserungen sprunghafter Natur sind. Der Preissturz tritt aber dann nicht ein, wenn der gestiegenen Produktionsmenge gestiegene Nachfrage gegenübersteht. Eine solche Nachfragesteigerung wird aber gerade durch eine Lohnsteigerung geboten".

Auch Lederer formuliert diese Erkenntnis in seiner Theorie über die „Fallschirmwirkung" der Löhne, die besagt, daß die Preise nur so lange fallen können, bis den gesunkenen Preisen eine erhöhte Nachfrage gegenübersteht, das heißt bei einer Senkung der Preise steigt bei gleichbleibendem oder steigendem Lohn die Kaufkraft, die sich in höherer Nachfrage äußert, und die dem Fallen der Preise eine Grenze setzt.

Auf diesem theoretischen Fundament bauen nun die Gewerkschaften ihre Forderungen nach hohen tariflichen Löhnen auf. Jede Begründung einer Lohnforderung stellt immer nur eine Variation der Kaufkrafttheorie dar. Das zeigt auch deutlich die Erwiderung auf ein von Arbeitgeberseite oft gegen die Lohnerhöhungen angeführtes Argument. Von Unternehmerseite aus wird behauptet, die Arbeitslosigkeit sei darum eine Folge der hohen Löhne, weil die Arbeiterschaft zu wenig spare und weil daher zu viel konsumiert wird. Es müsse sich dann ein Kapitalmangel bemerkbar machen, der die notwendigen Erhaltungs- und Verbesserungsarbeiten des Produktionsapparates behindere. Die Folge würde ein Verfall der Industrie, Preissteigerung und mangelnde Konkurrenzfähigkeit mit ausländischen Volkswirtschaften sein. Auf dieses Argument erwidert Marschak[31]): „Lohnerhöhungen führen tatsächlich zu einer Steigerung des Verzehrs, aber diese führen selbstverständlich nicht zur Arbeitslosigkeit, sondern im Gegenteil zu gesteigerter Produktion infolge der Absatzsteigerung. Folge der hohen Löhne ist nicht Arbeitslosigkeit, sondern hoher Beschäftigungsgrad."

Neben der Forderung nach hohen Löhnen steht der Kampf um die Form, mittels derer die Gewerkschaften das erreichte Lohnniveau schützen wollen vor den Schwankungen von Konjunktur und Saison: der Kampf um die Tarife. Vergebens versuchen die Unternehmer individualbetriebliche Lohnfestsetzungen zu erreichen, die sich den besonderen Verhältnissen jeder einzelnen Industrie ebenso wie den Wellenbewegungen der konjunkturellen Zyklen anpassen. Die Gewerkschaften sehen den Kampf um den festen gesicherten Tariflohn als ebenso wesentlich an wie ihre Lohnforderungen selbst; denn nur durch einheitliche Tarifgestaltung, durch die tariflich gleichmäßige Verbundenheit größter Arbeitermassen erhalten sie sich selbst ihre Macht. Eine Lohnfestsetzung für jeden einzelnen Betrieb würde die straffe Front der Gewerkschaftsmitglieder lockern; denn wenn in

[31]) Jacob Marschak, „Hohe Löhne und die Volkswirtschaft" in „Die Arbeit", Heft 11, 1927.

einigen Unternehmungen höhere Löhne gezahlt werden, so haben diese Arbeiter kaum eine Veranlassung, für die Interessen ihrer weniger glücklichen Kollegen ihren eigenen Vorteil aufs Spiel zu setzen. Also schon im Interesse der Solidarität ihrer Mitglieder werden die Gewerkschaften nicht auf die einheitliche Tarifgestaltung verzichten. Auch technisch dürfte es für die Gewerkschaften schwierig sein zu kontrollieren, wie weit die Lohnhöhe in den einzelnen Betrieben der jeweils besonderen Lage angemessen ist. Sie werden kaum imstande sein, ohne den guten Willen der Unternehmer eine Rentabilitätsberechnung für jeden einzelnen Betrieb anzustellen, sind doch die Faktoren, die außerhalb der eigentlichen Produktion liegen, also vor allem der Einkauf der Rohmaterialien, kaum zu überprüfen. Die Unternehmer dürften sich wohl kaum dazu bereitfinden, eine derartig tiefgehende Einsichtnahme in ihre Verhältnisse zuzulassen, da sie damit den Gewerkschaften die Möglichkeit einer uneingeschränkten Wirtschaftskontrolle in die Hand geben würden. — So beharren also die Gewerkschaften auf ihrer Forderung eines gebundenen Lohnes. Dem Vorwurf, daß der starre Tariflohn eine rechtzeitige Anpassung an die Weltmarktlage erschwere, begegnen sie mit dem negativen Einwand, daß der starre Lohn in Deutschland dem Export nicht geschadet habe, während in den Ländern Südamerikas und Südosteuropas, wo es fast keine Lohnbindungen gäbe, die Wirtschaftskrise trotzdem eingedrungen sei. So meint W. Woytinsky[32]): „Die schädliche Auswirkung der starren Löhne während der Krise sollte sich in erster Linie in der Hemmung der Ausfuhr derjenigen Länder äußern, die durch das System der langfristigen Lohntarife verhindert sind, sich schnell an die neuen Bedingungen des Weltmarktes anzupassen. Da in Deutschland die Löhne — angeblich — besonders starr sind, wäre zu erwarten, daß die deutsche Industrie auf dem Weltmarkt besonders schlecht abschneiden würde, indessen hat sich die deutsche Ausfuhr in den letzten Jahren glänzend gegen die Konkurrenz der Länder mit den niedrigen und elastischen Löhnen behauptet." Es ist allerdings schwierig, in dieser Behauptung einen stichhaltigen Beweis für die Unschädlichkeit, geschweige denn für den Vorzug starrer Löhne in der Exportindustrie zu erblicken, da man kaum den Lohn als den für den Export ausschlaggebenden Faktor nehmen kann, soweit jedenfalls kapitalintensive Produktionen in Frage kommen. Es ist vielmehr die Frage, ob dieser glänzende deutsche Export nicht durch Dumping resp. Inlandsverteuerung erst ermöglicht worden ist.

Daß der Tarifvertrag heute ebensowenig wie auf dem 3. Gewerkschaftskongreß zu Frankfurt a.M. im Jahre 1899 ausschließliches Mittel zum Schutze rein ökonomischer Interessen ist, daß er vielmehr zu erheblichen Teil machtpolitischen, also außerökonomischen Bestrebungen dient, wird durch einen Ausspruch Fritz Tarnows dokumentiert[33]):

---

[32]) W. Woytinsky, „Wann kommt die aktive Wirtschaftspolitik?" in „Die Arbeit", Heft 1, 1930.

[33]) Fritz Tarnow, „Wandlungen im Tarifvertragswesen" in „Die Arbeit", Heft 1, 1924.

„Der individuelle Arbeitsvertrag ist abgelöst worden durch die kollektive Vereinbarung ... Der Kampf zwischen Individuen, wobei der Arbeiter sozial unendlich schwächer ist als der Unternehmer, wandelt sich um in einen Kampf zwischen Klassengruppen, *letzten Endes zwischen Klasse und Klasse*".

Im engsten Zusammenhang mit den Lohnforderungen wird der Kampf um eine Verkürzung der Arbeitszeit geführt. Nachdem die 48-Stunden-Woche ihre gesetzliche Regelung erfahren hatte, gingen die Gewerkschaften zur Forderung der 40-Stunden-Woche über. Hierbei kam ihnen die Entwicklung der Wirtschaft zustatten. Die raschen Fortschritte der Technik und der Rationalisierung ermöglichten es, ein Produkt in dem Bruchteil der früher hierfür benötigten Zeit herzustellen; es würde also bei einer Arbeitszeitverkürzung keine Gefährdung in der Versorgung der Volkswirtschaft zu befürchten sein. Bei der Forderung nach Verkürzung der Arbeitszeit unterscheidet Leipart scharf zwischen Arbeits- und Betriebszeit. Eine Verlängerung der Betriebszeit ist sowohl volks- wie privatwirtschaftlich von hohem Nutzen[34]. „Das Streben nach privatwirtschaftlicher Rentabilität drängt zur Verlängerung der Betriebszeit. Auch unter dem Gesichtspunkt volkswirtschaftlicher Ersparnisse empfiehlt sich eine Verlängerung der Betriebszeit. Die erzielten Ersparnisse sind so bedeutend, daß die evtl. Mehrkosten einer Verkürzung der Arbeitszeit reichlich aufgewogen werden." Die Arbeitszeit des einzelnen Arbeiters aber kann und soll verkürzt werden, wobei es den Betrieben völlig frei steht, wie sie diese Verkürzung verteilen: ob sie vier Tagesschichten einführen wollen oder ob sie Betriebe mit achtstündiger Arbeitszeit nur an fünf Arbeitstagen produzieren lassen. Angestrebt wird natürlich vor allem eine Vermehrung der Arbeitsplätze, die, schematisch errechnet, vom Institut für Konjunkturforschung[35] auf etwa 1½ Millionen geschätzt werden.

Dem Einwand der Unternehmer, daß eine Arbeitszeitverkürzung die Elastizität der Betriebe gefährde, begegnen die Gewerkschaften mit dem Hinweis auf die Möglichkeit, jederzeit Überstunden einlegen zu können. Sie weisen darauf hin, daß bereits schon einmal durch die tarifliche Mehrbezahlung der Überstunden diese erheblich eingeschränkt worden sind, ohne daß ein Schaden entstanden sei. Bei einer kürzeren Arbeitszeit wird, so argumentieren die Gewerkschaften, die Leistungsfähigkeit gesteigert, da psychotechnisch erwiesen ist, daß in den letzten Arbeitsstunden ein unverhältnismäßig starker Rückgang in der Leistungsfähigkeit des Arbeiters wegen Ermüdung eintritt.

Da heute der industrielle Maschinenpark zum großen Teil brach liegt, wären noch nicht einmal kostspielige Investitionen nötig, um die der verkürzten Arbeitszeit entsprechende evtl. Vermehrung der Arbeitsplätze durchzuführen. Es bestehen also nach gewerkschaftlicher Meinung keinerlei Hindernisse, die der Forderung nach Verkürzung der Arbeitszeit im Wege stehen.

[34]) Th. Leipart: „Die 40-Stunden-Woche", Berlin 1931.

[35]) Wochenbericht des Instituts für Konjunkturforschung vom 15. Okt. 1930.

II. Abschnitt.

Kritik.

A. Kritische Analyse der Arbeitgeberargumente.

Auf angenähert dem gleichen Tatsachenmaterial bauen sich hier zwei Gegensätze auf, die sowohl in theoretisch-problematischer als auch in interessenpolitischer Hinsicht konträr sind und die scheinbar in ihrer absoluten, durch eine ideologisch-weltanschaulich gegebene Einstellung noch verschärften Gegnerschaft eine Synthese unmöglich machen. Analysiert man nun kritisch die Stellungen der beiden Parteien und schaltet man alle außerökonomischen Faktoren aus der Argumentation sowohl der Arbeitgeber als auch der Arbeitnehmer aus, so bleibt als grundlegender Unterschied die konträre Beantwortung der Frage nach dem Primat in der Wirtschaft. Die theoretiche Fragestellung ist also in dem Kampfe zwischen Gewerkschaften und Unternehmern die: ist die Produktion oder die Konsumtion als der Primärfaktor im wirtschaftlichen Geschehen anzusehen? Die Formulierung, die H. Dietzel der von ihm aufgestellten Produktivitätstheorie gab, spiegelt im wesentlichen die Einstellung der Unternehmer[36]): *„Der Lohn steigt und fällt mit der Produktivität"*. Es ist also, um den Standpunkt der Arbeitgeber zu kritisieren, zu untersuchen, ob und mit welcher Gesetzmäßigkeit der Lohn sich tatsächlich analog der Produktivität ändern muß.

Steigt in einer Industrie das Produktionsvolumen, so sinken naturgemäß die Unkosten pro Stück der Produktion. Da der Lohn vom privatwirtschaftlichen Gesichtspunkt aus nur ein Unkostenfaktor ist, so fällt bei gesteigerter Produktion ebenfalls der Anteil des Lohnes am fertigen Produkt. Folglich muß bei den verminderten Unkosten die Gewinnrate steigen, da sich der Unternehmergewinn ergibt aus der Differenz zwischen Verkaufswert und Rohstoffpreis und den gesamten Fabrikationskosten. Dieser Gewinn kann zugleich als Fonds bezeichnet werden, aus dem eine Lohnerhöhung gezahlt werden kann; es ist nun aber die Frage, ob sie auch gezahlt werden m u ß.

Nach einer Berechnung, die Woytinsky im Jahre 1927[37]), also zur Zeit einer Hochkonjunktur, anstellte, betrug die Exportquote nur ca. 17 % der Gesamtproduktion Deutschlands. Es verbleiben ca. 83 % der produzierten Güter auf dem Inlandsmarkt. Der Anteil der Exportgüter an der Gesamtproduktion ist also verhältnismäßig gering. Da die hohen Zollmauern, mit denen sich ganz besonders seit jener Zeit

[36]) A. a. O., pag. 86.

[37]) Woytinsky, „Magazin der Wirtschaft" Nr. 21, 1927 (Die Gesamtproduktion Deutschlands beträgt 60 Milliarden RM, seine Ausfuhr 10 Milliarden RM).

die Handelsstaaten umgeben haben, eine wesentliche Exportsteigerung unmöglich machen, so muß eine Produktionssteigerung restlos auf dem Inlandsmarkte in Erscheinung treten; es steht also ein konstanter Käuferkreis einem gestiegenen Warenangebot gegenüber. Um diese zusätzlichen Warenmengen placieren zu können, müssen die in Frage kommenden Käuferschichten zu einem Mehrkonsum veranlaßt werden. Da bei allen beliebig vermehrbaren Gütern auch das Bedürfnis nach ihnen in gewissem Grade beliebig zu steigern ist, liegt das Absatzproblem in erster Linie darin, die betreffenden Käuferschichten in die Lage zu versetzen, diese Bedürfnissteigerung finanzieren zu können. Das ist aber nur dadurch möglich, daß die Kaufkraft der Massen gesteigert wird. Hier an diesem Punkte treffen sich die von verschiedenen Ausgangspunkten kommenden und in verschiedener Richtung gehenden Ideen der Arbeitgeber und der Gewerkschaften. Das kommt auch darin zum Ausdruck, daß in Anlehnung an die alte klassische Lohnfondstheorie die „Gewerkschaftszeitung" eine Theorie des „ausdehnbaren" Lohnfonds aufstellt[38]): „In dem Maße, in dem das verteilbare Produkt (der geschaffene Reichtum an Waren) zunimmt, muß sich auch der Lohnfonds ‚ausdehnen', damit es den Leuten möglich ist, diese Waren zu kaufen".

Um also durch das vermehrte Angebot von Gütern die Preise nicht rapide sinken zu lassen, müssen die Unternehmer sich einen kaufkräftigen Markt schaffen, was nur dadurch möglich ist, daß die Einkommen weiter Bevölkerungsschichten steigen[39]).

Diese Theorie findet ihre Bestätigung in einem Vergleich der statistischen Daten (s. Kurve I). Das Jahr 1925 kann allerdings nicht in die Betrachtungen mit eingeschlossen werden, da sich hier noch starke regulierende Auswirkungen aus der Inflationszeit bemerkbar machen, indem die Löhne aus dem Tiefstand der Inflation noch stark im Steigen begriffen sind, während andererseits die inflationistisch aufgeblähte Industrie sich der allgemeinen Weltmarktlage anpaßte. Vom Beginn des Jahres 1926 ab ist jedoch jede Steigerung der Produktivität gefolgt von einer Steigerung der Löhne.

Logischerweise müssen bei einem Rückgang der Produktion die Löhne naturgemäß in entsprechendem Verhältnis sinken. Nun befand sich in Deutschland die Produktion von 1926 bis 1929[40]) in dauerndem Aufstieg, und wenn man die Wirtschaftsfaktoren Lohn und Produktionsintensität isoliert betrachtet, so lag bis Mitte 1929 kein Grund zu einer Lohnsenkung vor. Dann allerdings, und das mag die Wirt-

[38]) „Gewerkschaftszeitung" Nr. 14 vom 2. April 1927.

[39]) Es wäre natürlich auch denkbar, daß durch Aufnahme von Auslandskrediten ein kaufkräftiger Markt geschaffen würde. Diese Kredite wären aber exogenen Ursprungs und würden als zusätzliche Kredite nur eine vorübergehende Wirkung haben. Eine eigentliche Lohnfondsbildung läßt sich nur durch innere Kapitalbildung ermöglichen.

[40]) Von den Auswirkungen der Aussperrung in der Metallindustrie im November 1928 ist hier abgesehen, da der kontinuierliche Produktionsanstieg vorübergehend lediglich durch exogene Einwirkungen gestört war.

schaftskrisis der letzten zwei Jahre so bedeutend verschärft haben, blieb der Lohn noch während 1½ Jahren konstant, während in derselben Zeit die Produktion um 37½% zurückging.

Betrachten wir zunächst einmal die Ereignisse bis zum Sommer 1929. Vergleicht man nun die stets steigenden Lohn- und Produktionskurven mit der stark schwankenden, aber immer relativ hoch bleibenden Kurve der Arbeitslosigkeit, so erscheint diese Tatsache zunächst als contradictio in adjecto; denn eine zunehmende Ausdehnung in der Produktion sollte eigentlich zu einer Verknappung des Arbeitsangebots führen. Nun sind aber im Wirtschaftsleben des letzten Jahrzehnts zwei Faktoren in Erscheinung getreten, die von außen in die Gesetzmäßigkeit der Beziehungen zwischen Lohnhöhe und Produktionsintensität bestimmend eingegriffen haben: der gestiegene machtpolitische Einfluß der Gewerkschaften und die Auswirkungen einer übersteigerten Rationalisierung, die nicht durch wirtschaftliche Überlegungen gerechtfertigt war, sondern aus der Ausnutzung einer wirtschaftlichen Machtposition der Unternehmer resultierte.

Wenn die Gewerkschaften ihren Einfluß lediglich im volkswirtschaftlichen Interesse verwerten würden, wenn ihre Forderungen ausschließlich von rein ökonomischen Überlegungen getragen würden, dann würde die Steigerung des politischen Einflusses der Gewerkschaften keine Divergenz in den Beziehungen zwischen Lohn und Produktion hervorgerufen haben. Die Arbeitgeberverbände stehen auf dem Standpunkt, daß die Zersplitterung der einzelnen Gewerkschaften eine Verminderung der wirtschaftlichen Ratio zur Folge hat. Eine einheitlich organisierte Arbeiterschaft wäre in ihren Entschließungen und Forderungen freier und selbständiger, und es würde die rein wirtschaftliche Vernunft ausschließlicher zur Geltung kommen als unter den tatsächlichen Verhältnissen. Es herrscht geradezu ein Konkurrenzkampf der gewerkschaftlichen Richtungen, um durch „gegenseitiges Übertrumpfen in Forderungen gegen die Unternehmer mit Erfolg auf den Mitgliederfang zu gehen"[41]). Es dürfte als kaum bestritten anzusehen sein, daß die Bestrebungen der Gewerkschaften in erster Linie nicht ökonomisch bedingte und gerechtfertigte Forderungen sind, sondern daß sie vielmehr getragen werden von weltanschaulichen und politischen Wünschen und Argumenten. Es ist gleichgültig, wie man zu der sozialpolitischen Forderung nach dauernder Verbesserung der Lebensmöglichkeiten der breiten Masse steht; es ist gleichgültig, wie man zu dem zum Internationalismus neigenden Sozialismus steht: sicher ist nur die Tatsache, daß diese exogenen Gesichtspunkte nicht zur Begründung ökonomischer Gesetzmäßigkeiten herangezogen werden können. Die aus sozialpolitischen Motiven hervorgegangenen Forderungen nach immer steigenden Löhnen stehen an und für sich in keinem Kausalzusammenhang mit den übrigen Wirtschaftsfaktoren, da sie ja in erster Linie sozialethischen Ursprungs

---

[41]) Dr. H. Meissinger (Berlin), „Gewerkschaftskrisis" in „Der Arbeitgeber" Nr. 10 vom 15. Mai 1924.

sind und nicht infolge wirtschaftlicher Notwendigkeiten erhoben werden. Die Tatsache aber, daß trotz der steigenden Produktivität in der deutschen Volkswirtschaft sich dauernd eine große Arbeitslosenzahl in der zunächst zu beobachtenden Periode 1924 bis 1929 erhalten hat, weist auf die Möglichkeit hin, daß die durch die erhöhte Produktion an sich gerechtfertigten Lohnsteigerungen aus machtpolitischen Motiven über das wirtschaftlich berechtigte Maß hinaus emporgetrieben sind[42]). Die Folge, die zunächst eintrat, war, daß die Industrie versuchte, die sich stets erhöhenden Lohnkosten möglichst gering zu halten und die Arbeitskraft durch Maschinen zu ersetzen.

Nun ist selbstverständlich die Rationalisierung an sich nicht Schuld an der hohen Arbeitslosigkeit. Sie ist notwendig, um die Industrie konkurrenzfähig zu erhalten und um den gesteigerten Lebensansprüchen der Gesamtbevölkerung gerecht zu werden. Und doch liegt hier ein Kernpunkt, um den sich die Krisenerscheinungen gruppieren. Schon die Frage nach dem Zeitpunkt, in dem eine Rationalisierung sich volkswirtschaftlich am günstigsten auswirkt, zeigt die Gefahr auf, die in diesem Problem steckt. Zweifellos ist für eine einsetzende Rationalisierung der günstigste Zeitpunkt der des Konjunkturaufschwunges. Die Aufnahmefähigkeit des Marktes nimmt fortschreitend zu, und es kann daher die durch Rationalisierung ermöglichte Mehrproduktion konsumiert werden. In Wirklichkeit wird aber überwiegend in Zeiten der Depression rationalisiert. Der Unternehmer ist während des Konjunkturabschwunges gezwungen, jede Möglichkeit, Gewinn zu erzielen, auszunutzen, und er ist daher in einer solchen Periode weit eher geneigt, Neuerungen und Verbesserungen in seinem Betrieb durchzuführen als in wirtschaftlich guten Zeiten. Hinzu kommt noch, daß während des Konjunkturabschwunges der Kapitalmarkt sehr flüssig ist und er so zu billigen Zinssätzen die nötigen Gelder sich leicht verschaffen kann. Ferner mag noch ein betriebswirtschaftlicher Gesichtspunkt hierfür sprechen: in der Depression ist naturgemäß die Produktion geringer, und organisatorische Maßnahmen lassen sich stets leichter durchführen zu Zeiten geringeren Beschäftigungsgrades. Diese Erscheinung führte bisher nicht zu irgendwelchen Komplikationen aus dem Grunde, weil die einzelnen Konjunkturphasen in verhältnismäßig kurzen Intervallen einander ablösten. Aber die Frage nach dem „Wann" der Rationalisierung tritt an Bedeutung zurück vor der Frage nach dem „Warum". Warum wurde in der deutschen Industrie in so starkem Maße rationalisiert? Es ist wahr, durch Krieg und Inflation war der Produktionsapparat in seiner Leistungsfähigkeit stark zurückgegangen; er mußte wieder konkurrenzfähig gemacht werden. Es mußte rationalisiert werden, um Verzinsung und Amorti-

---

[42]) Welche absolute Höhe dieses wirtschaftlich gerechtfertigte Maß hat, wird sich wohl kaum zahlenmäßig errechnen lassen; man könnte nur die Meinung vertreten, daß das wirtschaftlich gerechtfertigte Maß einer Lohnsteigerung sich stets der optimalen Lohnhöhe einer Volkswirtschaft annähern müßte.

sation des aufgenommenen Fremdkapitals durchführen zu können. Es bedurfte also nicht mehr des besonderen Druckes der Gewerkschaften, die sich rühmen, durch ihre Politik der hohen Löhne den Unternehmer zur Einführung technischer Verbesserungen gezwungen zu haben. Durch diesen Druck von Arbeitnehmerseite aus wurde der Unternehmer gezwungen, ohne Rücksicht auf die Aufnahmefähigkeit des Marktes, auch da zu rationalisieren, wo eine zusätzliche Kapitalinvestition und Produktionsausweitung nicht gerechtfertigt war. Eindeutig und klar gibt Dr. Pietrkowski diesen Gedankengang wieder, wenn er über die Rationalisierung schreibt[43]): „Sie ist gefordert von den Gewerkschaften, um den deutschen Produktionsapparat wieder leistungsfähig zu machen; sie ist mitverantwortlich für die Arbeitslosigkeit. — Man vergaß bei der Rationalisierung die Marktentwicklung zu beachten, und baute den Apparat so groß aus, daß die Produkte nicht mehr abgesetzt werden konnten. Die Rationalisierung war ein Ausweichen vor den hohen Löhnen, die ohne Rücksicht auf Rentabilität der Betriebe bei jedem Ablauf eines Tarifvertrages erhöht wurden"; und er fährt weiter fort: „soweit sie darüber hinausging (nämlich um den verschlissenen und überalterten Produktionsapparat wieder konkurrenzfähig zu machen), um Arbeiter zu ersparen und von der unübersehbaren Lohnentwicklung unabhängig zu werden, war sie ein erklärliches, wenn auch bedauerliches Ausweichen vor der Überspannung politischer Macht in reinen Wirtschaftsfragen".

Die so erzwungene Rationalisierung mußte sich trotz — oder gerade wegen — der damit verbundenen Leistungssteigerung als Fehlinvestition erweisen in dem Augenblick, als die Aufnahmefähigkeit des Marktes trotz der durch Lohnerhöhung gestiegenen Kaufkraft der Massen gegenüber der Produktionskapazität zurückblieb. Die Industrien konnten ihren Apparat nur teilweise ausnutzen, während der gesamte Zinsendienst für die zum Zwecke der Rationalisierung aufgenommenen Anleihen weiterlief. Dies stellte natürlich die Rentabilität zunächst der Grenzbetriebe in Frage, die schließlich zur völligen Einstellung ihrer Produktion gezwungen waren. Dadurch wurden auf der anderen Seite die Arbeitnehmer brotlos gemacht, und die Aufnahmefähigkeit des Marktes schrumpfte noch mehr ein. Auf der anderen Seite waren die in diese stillgelegten Betriebe gesteckten Kapitalien verloren. Einmal ins Rollen gebracht, wirkten sich bei der engen wirtschaftlichen Verpflochtenheit diese beiden Entwicklungen lawinenartig aus.

Wenn auch die gewerkschaftliche Lohnpolitik nicht allein die Schuld an dem überhasteten Tempo der Rationalisierung hatte, so hat sie doch ohne Frage auch mit Anteil an diesem Fehler. Bei dem sich überstürzenden Tempo, in dem nicht in einer, sondern in sämtlichen Industrien rationalisiert wurde, konnten unmöglich die frei-

---

43) Dr. Pietrkowski (MdRWR.) „Arbeitslosenproblem" in „Der Arbeitgeber" Nr. 1 vom 1. Januar 1931.

werdenden Arbeiter an einer anderen Stelle der Wirtschaft placiert werden. Selbst in der kurzen Zeit der Hochkonjunktur im Herbst 1927 konnte die Arbeitslosigkeit nur auf 867 000 herabgedrückt werden.

Verfolgt man die Tendenz der Arbeitslosenkurve, so kann man bis zum Herbst 1929 ein langsames Ansteigen derselben feststellen. Von da ab ändert sich die Entwicklungsrichtung, indem sie steil nach oben abbiegt. Gleichzeitig werden die saisonmäßigen Ausschläge in den Jahren 1930 und 1931 immer geringer. Bis zur Mitte des Jahres 1929 war die Produktion in der deutschen Volkswirtschaft in ständigem Steigen begriffen gewesen. Die Lohnsteigerungen, die bis zu jener Zeit volkswirtschaftlich jedenfalls teilweise gerechtfertigt waren, hatten 1929 mit dem Höchststand der Produktion gleichfalls einen Höhepunkt erreicht. Im Juni begann die rapide Schrumpfung der Produktion, die heute noch anhält. Dieser letzte und schwerste wirtschaftliche Niedergang ist also ebenfalls ein Beweis für die Richtigkeit der These, die die Produktion als den Primärfaktor in der Wirtschaft ansieht. Denn erst nachdem die Produktion im Herbst 1929 um ca. 6½ % gesunken war, setzte ein Ansteigen der Arbeitslosigkeit ein. In den nächsten eineinhalb Jahren verdreifachte sich in fast ununterbrochener Bewegung die Zahl der Arbeitslosen, während zu gleicher Zeit die Produktion um 37½ % zurückging.

Es setzte also 1929 die Reaktion auf die Expansion der Produktion ein. Die Läger waren überfüllt, der Absatz stockte, der Markt konnte unmöglich neue Produkte aufnehmen. Die Produktion sank und mit ihr die Beschäftigungsmöglichkeit. Man sollte nun annehmen, daß mit dem allgemeinen Wirtschaftsrückgang auch die Löhne entsprechend sanken, aber eher das Gegenteil war der Fall. Bis zum Dezember 1930 hielten sich die Nominallöhne konstant; sie konnten sogar noch um 1,2 % anziehen. Die Reallöhne stiegen in dieser Zeit noch stärker, da die Lebenshaltungskosten erheblich sanken. Es ergibt sich also das Bild, daß bei stark sinkender Produktion, bei sinkenden Preisen und stark steigender Arbeitslosigkeit das Lohnniveau weiterhin in die Höhe geht. Diese, allen wirtschaftlichen Gesetzen widersprechende Erscheinung ist die Konsequenz machtpolitischer Erfolge der gewerkschaftlichen Lohnpolitik. Die Gewerkschaften haben also einen hohen Lohn und damit eine gestiegene Kaufkraft der Massen erzwungen. Aber trotz dieser jahrelang de facto angewandten Kaufkrafttheorie konnte der wirtschaftliche Niedergang nicht aufgehalten werden. Die hohen Löhne als Mittel zu einer gesteigerten Konsummöglichkeit konnten sich nicht auswirken, weil der Lohn im Produktionsverlauf zuerst Kostenfaktor und dann erst Konsumtionsfaktor wird; denn der Lohn muß zunächst als Unkostenfaktor in der Produktion aufgebracht werden; er muß zuerst einmal vom Unternehmer gezahlt werden, bevor er in der Hand der Lohnempfänger als Kaufkraft wirksam werden kann. Als solcher ist der hohe Lohn für die Industrie untragbar gewesen, und als mit machtpolitischen Mitteln dieses Lohnniveau der Wirtschaft weiterhin aufgezwungen wurde, war die notwendige Folge Arbeiterentlassungen; denn ein hoher Lohn läßt sich nur durch hohe Leistungen rechtfertigen. Eine Lohnerhöhung resp. ein konstant bleibender Lohn bei sinkenden Preisen und sinkender Produktion kann, da die Preise nicht erhöht werden können und sollen, und da die Rationalisierungsmöglichkeiten nahezu erschöpft sind, nur aus dem Gewinn gezahlt werden. Der geringe Gewinn, d. h. der Ertrag, der außer der Kapitalverzinsung und dem Unternehmerlohn in den letzten Jahren im Durchschnitt erzielt wurde, ist in der Regel zur Kapitalakkumulation unerläßlich, soll nicht die gesamte, durch Krieg und Inflation geschwächte Industrie infolge Kapitalmangel zum Erliegen kommen, wobei naturgemäß die Akkumulationsquote für die einzelnen Produktionszweige verschieden ist.

Die Verbundenheit von Produktion und Lohn geht aus der Entwicklung der letzten Jahre hervor. Überall da, wo die wirtschaftliche Gesetzmäßigkeit gewaltsam ausgeschaltet wurde, zeigten sich schwere Störungen im Ablauf der wirtschaftlichen Geschehnisse. Im letzten Jahre, vom Januar 1931 bis Januar 1932, hat man die durch gewerkschaftliche Machtpolitik gehaltene Lohnhöhe mittels staatlicher Zwangsmaßnahmen dem veränderten Wirtschaftsbild anzupassen versucht. Wie weit dieser staatspolitische Gegendruck, diese Hilfe, die die gestörte wirtschaftliche Eigengesetzlichkeit wieder in Gang bringen soll, von Erfolg gekrönt sein wird, bleibt abzuwarten, bis sich auch diese exogenen Maßnahmen voll haben auswirken können.

Betrachtet man in diesem Zusammenhang die anläßlich der Berliner Tagung des Allgemeinen Deutschen Gewerkschaftsbundes (ADGB.) im April 1932 stark in den Vordergrund getretene Diskussion um die Arbeitszeit, so kann man diesen Fragenkomplex in zwei Grundprobleme zerlegen: in ein technisches und in ein wirtschaftspolitisches Problem. Wenn die Arbeitgeberverbände die Forderung nach Arbeitszeitverkürzung ablehnen, so begründen sie ihre Haltung in erster Linie durch Hervorhebung der technischen Schwierigkeiten, und unter Betonung, daß die wirtschaftspolitischen Erfolge zumindest recht zweifelhaft seien. Nimmt man zu der rein technischen Seite des Problems Stellung, so ist nicht recht einzusehen, warum auf Grund organisatorischer und maschineller Verbesserungen es nicht möglich sein sollte, einen Betrieb beispielsweise statt in drei, in vier Schichten arbeiten zu lassen; ist doch die Betriebszeit weitgehend unabhängig von der Arbeitszeit. Einer der am häufigsten gehörten Einwände gegen eine generelle Arbeitszeitverkürzung ist die Furcht vor einer „Einengung der gerade für die Arbeitszeit unerläßlichen Bewegungsfreiheit der Betriebe". Im Prinzip würde eine Verkürzung der Arbeitszeit nichts Neues mehr bedeuten; ist doch die Arbeitszeit bisher auch von 12 über 10 auf 8 Stunden generell gesunken, ohne daß diese Tatsache eine Ursache für Störungen innerhalb der Wirtschaft geworden ist. Alle die technischen Schwierigkeiten, die heute von Arbeitgeberseite aus hervorgehoben werden, sind ja in den vorangegangenen Arbeitszeitverkürzungen ebenfalls durch den Fortschritt in der maschinellen Ausrüstung der Produktion ausgeglichen worden. Im „Berliner Tageblatt" wird die zwangsläufige Notwendigkeit einer Arbeitszeitverkürzung als Folge der Mechanisierung der Wirtschaft begründet. Es heißt dort:[44]) „Kann man von 1907 bis 1929 in der deutschen Wirtschaft mehr als 30 Millionen Pferdestärke an neuen Maschinen montieren, ohne damit menschliche Arbeitskräfte zu verdrängen? Weiß die Öffentlichkeit, daß wir von 1907, also zur Zeit des Zehn-Stundentages bis heute, ein mechanisches Heer von Arbeitern in der Gestalt von Maschinen der deutschen Wirtschaft dienstbar gemacht haben, das die Größenordnung von mehr als 15 Millionen Arbeitern umfaßt, d. h. so groß ist wie 1907 die Zahl der Lohnempfänger überhaupt? Und sollte man aus dieser Tatsache nicht den sehr verständigen und sehr segensreichen Schluß ziehen, daß die Maschine die natürliche Eigenschaft hat, Arbeitszeit freizusetzen, und daß keine Macht der Welt sie daran hindern wird, das auch wirklich zu tun?"

Es ist die Frage, wie diese Arbeitszeitverkürzung, die logisch notwendig ist, praktisch durchgeführt werden kann. Eine Arbeitszeitverkürzung mit gleichzeitiger entsprechender Lohnkürzung ist unter dem Namen „Kurzarbeit" eine leider nur allzu bekannte Krisenerscheinung geworden. Dadurch konnte zwar die vorhandene Arbeit auf eine größere Anzahl von Arbeitnehmern verteilt werden; es konnte aber kein Aufschwung in der Wirtschaft eintreten, da einmal die Produktion selbst immer weiter zurückging, andererseits dieser Rückgang durch die Einkommensschmälerung der Kurzarbeiter noch verstärkt wurde. Die Forderung ist also die: Arbeitszeitverkürzung bei gleichbleibendem Lohn. Das bedeutet aber de facto Lohnsteigerung. Da eine Lohnsteigerung aber, wie oben ausgeführt, nur bei steigender Produktivität möglich ist, so wäre die Forderung nach Verkürzung der Arbeitszeit ein Programm, das erst bei einsetzendem Konjunkturaufstieg verwirklicht werden könnte. In der heutigen Krisis würde sich die geforderte Arbeitszeitverkürzung bei gleichbleibenden Löhnen ebenso ungünstig auswirken, wie etwa eine direkte Lohnsteigerung.

Von rein wirtschaftlichem Standpunkte aus könnte man die Ansicht vertreten, die sofortige Reduzierung der Arbeitszeit dadurch zu ermöglichen, daß man die Löhne um den entsprechenden Prozentsatz senkt, sodaß zwischen Arbeitspreis und Arbeitsleistung die gleichen Relationen bestehen bleiben. Dem kann natürlich entgegengehalten werden, daß bei einer so starken Lohnsenkung, wie sie hier nötig wäre, die Lohnhöhe zu nahe an die Beträge der Arbeitslosenversicherung herankommen würde, sodaß der Anreiz zur Arbeit verschwinden müßte. Auch vom sozialpolitischen Standpunkt

[44]) „Berliner Tageblatt" vom 13. April 1932: „Konzentration statt Arbeitsstreckung" von Dr.-ing. M. Wagner.

aus sei eine so starke Reduzierung des Lebensstandards breiter Massen nicht zu begrüßen. Wir kommen also zu dem Resultat, daß die Arbeitszeitverkürzung eine wirtschaftlich notwendige Folge der Rationalisierung ist; daß sie aber kein geeignetes Verfahren zur Krisenbehebung darstellt. Die Arbeitszeitverkürzung ist als eine Folge gesteigerter Leistungsfähigkeit anzusehen, die sich naturgemäß erst dann auswirken kann, wenn die gestiegene Leistungsfähigkeit hat zur Geltung kommen können; also wenn die erweiterte Kapazität der Industrien zur Produktionssteigerung geführt hat.

B. Kritische Analyse der Gewerkschaftsargumente.

Im genauen Gegensatz zur Produktivitätstheorie, die von der Arbeitgeberseite aus vertreten wird, steht die Kaufkrafttheorie der Gewerkschaften. Nach einer Formulierung von Marschak[45]) besagt das Kaufkraftargument: „daß, soweit die in der Arbeitslosigkeit sich ausdrückende Störung der wirtschaftlichen Proportionen die Folge von einer im Vergleich zum Verbrauch übergroßen Ausweitung der Produktionskapazität ist, die Wiederherstellung der Proportionen und die Wiedereinstellung der Arbeitslosen nur möglich ist, wenn eine Korrektur im Sinne einer Steigerung des Verbrauchs und einer Senkung der Sparquote vorgenommen wird". Mit anderen Worten besagt die Kaufkrafttheorie, daß der Primärfaktor in der Wirtschaft nicht die Produktion, sondern der Konsum sei. Das, was in dieser Theorie so bestechend wirkt, ist weniger die wirtschaftliche Logik, als vielmehr die sozialpolitische Ethik, die in der Forderung steckt, den breiten Massen eine immer mehr sich hebende Lebenshaltung zu ermöglichen.

Verfolgt man nun den Gedanken, daß der Konsum das Primäre der Wirtschaft ist, und daß, wenn er durch Lohnerhöhung gesteigert würde, die Krisis zumindest eingedämmt werden könnte, so stößt man schon bei der Frage, wodurch eine solche Kaufkraftsteigerung finanizert werden soll, auf einen Widerspruch. Auf diese Frage erhält man die Antwort: durch die Rationalisierung werden die Produktionskosten pro Einheit des Fabrikates gesenkt, und diese Kostensenkung soll in Gestalt von Lohnerhöhungen zur Stärkung der Kaufkraft und zur Vermehrung des Konsum verwandt werden[46]). Diese Antwort aber besagt nichts anderes, als daß nicht der Konsum das Primäre in der Wirtschaft ist, sondern die Rationalisierung, die

---

[45]) J. Marschak: „Lohndiskussion", Tübingen 1930, pag. 24.

[46]) Hier tritt aber die Aequivocation des Begriffs „Primat" in Erscheinung. Wenn die Gewerkschaften vom Primat reden, so meinen sie die logische Rangfolge der Dinge und Erscheinungen. Geht man historisch zurück in die Zeit der Bedarfsdeckungswirtschaft, so ist damals unzweifelhaft der Konsum rangmäßig das Primäre gewesen. Die andere Version des Begriffs „Primat" versteht aber darunter die zeitliche Succession der Dinge und Erscheinungen, und in diesem Sinne kann heute auf keinen Fall mehr von einem Primat des Konsums gesprochen werden.

einen vermehrten Verbrauch erst ermöglichen soll, also mit anderen Worten: das Primäre in der Wirtschaft wäre die Bereitstellung verbesserter Maschinen, das heißt die Produktion von Produktionsmitteln.

Dringt man nun tiefer in die Ideen der Kaufkrafttheorie ein, so taucht die Frage auf, wie sich die Ausgaben bei Lohnerhöhung verändern. Professor Wagemann hat in einem Gutachten für die List-Gesellschaft diese Frage folgendermaßen beantwortet[47]: „Hiernach erhöhen sich mit steigendem Einkommen am wenigsten die Ausgaben für Ernährung und Kleidung, weit stärker die für Erholung, Vergnügen und Unterstützungen, und am stärksten steigt die Sparquote. Betrachten wir freilich die Ersparnisse nach ihrer absoluten Größe, so finden wir, daß sie nach unserer Statistik sehr gering sind . . .". Diese Aufteilung des Lohnes bei Erhöhungen muß zunächst befremden. Vor allem die Tatsache, daß die Sparquote am stärksten von allen anderen Verwendungsmöglichkeiten steigt. Denn wenn der Arbeiter seinen erhöhten Lohn in der Form des Sparens sofort zur Kapitalbildung verwendet, so kann dieser Teil des erhöhten Einkommens nicht der angestrebten Kaufkraftsteigerung dienen. Um den Einwänden der Unternehmer, daß eine starke Kapitalakkumulation volkswirtschaftlich notwendig sei, zu begegnen, betonen die Gewerkschaften immer wieder, daß auch die Arbeiterschaft bei erhöhten Löhnen durch Sparen größeren Anteil an der Kapitalbildung nehmen würde. Diese Stellung der Gewerkschaften zur Spartätigkeit widerspricht der von ihnen vertretenen Kaufkrafttheorie, und bedeutet jedenfalls zumindest eine teilweise Preisgabe ihrer Argumentation. Denn ihre Lohnforderungen sind volkswirtschaftlich dadurch begründet, daß durch die Lohnsteigerung eine Erhöhung der Kaufkraft und des Konsums eintritt, wodurch man sich eine Besserung der Produktionsmöglichkeit verspricht. Verwendet man nun einen erheblichen Teil der zu Zwecken der Kaufkraftsteigerung zugebilligten Lohnerhöhungen zu erneuter Kapitalbildung, so muß der Effekt dieser Lohnererhöhungen, selbst unter der Anahme, daß die Kaufkrafttheorie zu Recht besteht, gleich Null sein; denn es ändert sich in der Verteilung von Produktions- und Konsumkapital nicht das Geringste. Diese Zwiespältigkeit in der Stellung der Gewerkschaften ist dazu angetan, die Ernsthaftigeit der Kaufkraftargumente zu erschüttern und dem Gedanken Raum zu geben, daß die Kaufkrafttheorie weit mehr Propagandazwecken zur Erreichung machtpolitischer Ziele dient, als daß sie die Basis für eine volkswirtschaftlich gerechtfertigte Begründung für eine Lohnerhöhung abgeben soll.

Die Kaufkrafttheorie selbst hat den Vorteil, klar und einfach zu sein, von einer bestrickenden Logik, wobei es dahingestellt bleibt, ob diese Argumentation sich empirisch beweisen läßt, oder ob sie

[47]) Zitiert von Jacob Marschak in „Löhne und Ersparnisse" in „Die Arbeit", Heft 8, 1930.

nicht vielmehr dazu angetan ist, die Erkenntnis der tatsächlichen Zusammenhänge zu verschleiern. Denn wenn man die Kaufkrafttheorie folgerichtig durchdenkt, so kommt bei — oder trotz — aller Logik nichts anderes als ein circulus vitiosus heraus, der die ganze Theorie ad absurdum führt: Die wirtschaftliche Krise hat ihre Ursache darin, daß zu wenig Kaufkraft vorhanden ist; und weil es an Kaufkraft fehlt, muß der Absatz der Güter gering sein; und weil der Absatz gering ist, kann die Produktion nicht voll ausgenutzt werden; und weil die Produktion nicht ausgenutzt werden kann, liegen große Kapitalien brach, und Millionen Menschen werden zur ganzen oder teilweisen Arbeitslosigkeit verurteilt und können sich keinen Verdienst verschaffen; und weil Millionen von Konsumenten arbeitslos sind, und nichts, oder nur wenig verdienen, fehlt es der breiten Masse an Kaufkraft; und weil es an Kaufkraft fehlt, ... und dann fängt der Reigen wieder von vorne an.

Will man die Kaufkrafttheorie analysieren, so ist es zweckmäßig, die einzelnen Etappen, die eine Lohnerhöhung danach mit sich bringen sollen, in Form eines Kettenschlusses zu entwickeln. Die einzelnen Auswirkungen, die eine angewandte Kaufkrafttheorie haben soll, sind folgende: Lohnerhöhung — Steigerung der Kaufkraft — Vermehrung des allgemeinen Güterverbrauchs — Vermehrung der Gütererzeugung — Sinken der Selbstkosten. Wenn man das erste und letzte Glied der Kette in Verbindung setzt, so ergibt sich, daß Lohnerhöhung ein Sinken der Selbstkosten zur Folge hat. Wie gering die Notwendigkeit zu einer solchen Schlußfolgerung ist, geht schon daraus hervor, daß man mit derselben Logik ungefähr eine Kette bilden kann, die von Lohnerhöhung zur Selbstkostensteigerung führt: Lohnerhöhung — Steigen der Produktionskosten — Einschränkung der Produktion oder Rationalisierung: Beides — Arbeiterentlassungen — Steigen der sozialen Belastung — Preissteigerung — Rückgang des Umsatzes — Selbstkostensteigerung: eine Schraube ohne Ende.

Geht man nun kritisch auf die einzelnen Glieder des gewerkschaftlichen Kettenbeweises ein, so erhebt sich schon beim ersten Glied die Frage: woher soll die Lohnerhöhung bezahlt werden? Marschak antwortet auf diese Frage[48]): „Das ist also die volkswirtschaftliche Natur der Lohnerhöhungen: sie sind ein Vorschuß der der kaufenden Klasse gemacht wird. Soweit er aus dem Luxusfonds (Gewinnfonds) geschöpft wird, wird er durch die Ersparnisse wieder eingebracht, die sich aus der Produktionskostensenkung infolge der steigenden Massenproduktion ergeben. Soweit er aus dem Sparfonds geschöpft wird, wird er durch die Ersparnisse wieder eingebracht, die die Vermeidung von Krisen, das heißt die Vermeidung der Brachlegung von Kapital und Arbeitskräften bedeutet." Die Argumentation ergibt, daß die Lohnerhöhungen nichts anderes sind als Vorschüsse auf eine höchst zweifelhafte Entwicklungsprognose. Man begründet die Er-

[48]) J. Marschak, „Hohe Löhne und die Volkswirtschaft" in „Die Arbeit", Heft 11, 1927.

scheinung des ersten Gliedes der Kausalkette der Kaufkrafttheorie mit dem Endresultat, das sich erst aus sämtlichen Etappen der Kettenargumentation ergibt. Man beweist also die Berechtigung des Eintretens des die ganze kaufkrafttheoretische Entwicklung auslösenden Faktors der Lohnerhöhung mit dem Resultat, das erst durch die Auswirkungen dieses Faktors erhofft wird.

Lohnerhöhung hat Steigerung der Kaufkraft zur Folge. Es ist bereits im Vorhergehenden auf den Widerspruch hingewiesen worden, der darin zu suchen ist, daß die Gewerkschaften die Spartätigkeit befürworteten, und so die erlangte Kaufkraft nicht voll ausnutzen. Soweit aber die Kaufkraftsteigerung eine Vermehrung des Güterverbrauchs tatsächlich zur Folge hat, dürfte sich auch diese Vermehrung nur zu einem Teil in einer Produktionssteigerung bemerkbar machen; denn ein erheblicher Teil der Konsumsteigerung würde voraussichtlich durch Vermehrung des Luxuskonsums (Steigerung des Verbrauchs von Tabak und Kaffee) nicht der einheimischen Produktion, sondern dem Import zugute kommen. So führte Tehsmar in der Hamburger Generalversammlung der „Gesellschaft für soziale Reform" im Juni 1927 aus:[49]) Kaufkrafterhöhung bedeutet Erhöhung des Konsums und eine Konsumerhöhung ist nur möglich durch Erhöhung des Imports. Was im Lande produziert werden kann, wird im Wesentlichen bereits verbraucht, und jeder Mehrverbrauch muß im Wesentlichen importiert werden.

Aus dem Gesagten geht hervor, daß das notwendige Eintreten der einzelnen Entwicklungsphasen, die eine als Vorschuß gegebene Lohnerhöhung bewirken soll, höchst problematisch ist, und kaum als geeignet angesehen werden kann, als wissenschaftliche Fundierung der gewerkschaftlichen Lohnforderungen zu gelten.

Bevor die Kaufkrafttheorie in den Brennpunkt des wirtschaftlichen Kampfes gestellt wurde, hat sich bereits Karl Marx, auf dessen Ideen ja die ganzen späteren gewerkschaftlichen Theorien zurückzuführen sind, in recht ablehnender Weise zu diesem Problem geäußert:[50]) „Es ist eine reine Tautologie zu sagen, daß die Krisen aus Mangel an zahlungsfähiger Konsumtion oder an zahlungsfähigen Konsumenten hervorgehen . . . Will man aber dieser Tautologie einen Schein tieferer Begründung dadurch geben, daß man sagt, die Arbeiterklasse erhalte einen zu geringen Teil ihres eigenen Produkts und dem Übelstand werde mithin abgeholfen, sobald sie größeren Anteil davon empfängt, ihr Arbeitslohn folglich wächst, so ist nur zu bemerken, daß die Krisen jedesmal gerade vorbereitet werden, durch eine Periode, worin der Arbeitslohn allgemein steigt und die Arbeiter-

---

[49]) Tehsmar, Vorstandsmitglied des Arbeitgeberverbandes der Saarindustrie in der Diskussion der Generalversammlung der „Gesellschaft für soziale Reform" in Hamburg am 28. Juni 1927.

[50]) Karl Marx, „Das Kapital", II. Band, 2. Buch, 3. Abschnitt, 20. Kap. 4. Der Umsatz innerhalb Abtlg. II pag. 386, Ausgabe von Friedr. Engels, Hamburg 1919.

klasse realiter größeren Anteil an dem für Konsumtion bestimmten Teil des jährlichen Produktes erhält."[51])

Wenn diese Ausführungen von Karl Marx auch keinen Beweis gegen die Richtigkeit der Kaufkrafttheorie abgeben, so ist es doch zweifellos interessant, festzustellen, in welcher Weise sich dieser bedeutendste sozialistische Theoretiker zu dem erst in neuerer Zeit in dem Brennpunkt der Diskussion stehenden Kaufkraftproblem geäußert hat.

Fragt man nun, wieso die Kaufkrafttheorie in derartig starkem Maße in den Mittelpunkt der gesamten Lohndiskussion gestellt worden ist, so mag eine Erklärung darin zu finden sein, daß dieser Theorie in der Vorkriegszeit durch die äußeren Zeitumstände eine Berechtigung nicht abzusprechen war. In den Zeiten allgemeinen Aufstiegs fand eine Produktionsausweitung statt; es wurde laufend mehr produziert, und eine Lohnsteigerung war volkswirtschaftlich gerechtfertigt. Um nun die Notwendigkeit einer Lohnanpassung an die steigende Produktion zu beweisen und damit die Unternehmer zu veranlassen, einen Teil ihres Gewinnes zu höheren Lohnzahlungen zu verwenden, bedienten sich die Gewerkschaften der Kaufkrafttheorie, die nachwies, daß durch Lohnerhöhungen Kaufkraftsteigerung erreicht werden kann, und daß die Kaufkraftsteigerung eine erhöhte Nachfrage und wiederum erhöhten Konsum zur Folge habe; und daß somit abermals neuer Gewinn zu erzielen sei. Diese Theorie stimmte damals; denn einmal waren genügende Mittel vorhanden, die für erhöhte Lohnzahlungen verwandt werden konnten, ohne daß auf der anderen Seite dadurch volkswirtschaftlich notwendige Erfordernisse zurückgestellt werden mußten, und ferner mußte einer gestiegenen Produktion eine steigende Nachfrage gegenübergestellt werden. Es ist hier ohne weiteres eine gewisse Analogie mit der Produktivitätstheorie zu erkennen. Man kann also feststellen, daß die Kaufkrafttheorie in Zeiten ansteigender Konjunktur durchaus zu Recht besteht, während sie andererseits in Depressionszeiten nicht als geeignet anzusehen ist, einer wirtschaftlichen Krise Herr zu werden.

Nun behaupten aber die Gewerkschaften, daß, wenn auch der Nominallohn gestiegen sei, der Reallohn jedoch zurückgegangen ist. Wie unbegründet diese Beauptung ist, zeigt ein Blick auf die Entwicklungskurve des Reallohnes (siehe Kurve I). Bis zum November 1931 war er in stetem Ansteigen begriffen, und er wurde erst durch die letzten Notverordnungen um 5,3% gesenkt, wonach er durch weiteres Absinken der Lebenshaltungspreise wieder im Februar 1932

[51]) Bei der Zitierung von Marx sind wir uns des historischen Sprunges voll bewußt; trotzdem wollen wir ihn hier anführen, da es nicht uninteressant sein dürfte, von einer Stelle aus, von der es im allgemeinen nicht erwartet wird, eine derartig schroffe Ablehnung der Theorie, die zu der tragenden Idee der Gewerkschaften geworden ist, zu erfahren, und noch dazu in einer Zeit, in der die Gewerkschaften überhaupt noch nicht existiert haben.

um etwa 2,7 % stieg. Während die Lebenshaltungskosten seit Anfang 1929 in stetem Sinken begriffen waren und in der Zeit vom März 1929 bis zum Februar 1932 um 21,9 % gesunken sind, begann der Nominallohn erst im Januar 1931 abzusinken, und erreichte in der Zeit vom Januar 1931 bis Februar 1932 einen Rückgang von etwa 16 %.

Nun sind gegen den Lebenshaltungsindex verschiedentlich Bedenken geäußert worden, die seine Vergleichsfähigkeit in Frage stellen. Es wird geltend gemacht, daß der Lebenshaltungsindex trotz mancher Verbesserungen nicht mehr typisch für die Mehrzahl der Arbeiterhaushalte sei, und daß in Wirklichkeit die Preisentwicklung für Konsumgüter eine ganz andere sei als diejenige, die in den Indexzahlen zum Ausdruck komme. Da der Lebenshaltungsindex eine Kombination von Preisen verschiedenster Güter sei, bezogen auf eine fünfköpfige Arbeiterfamilie, die heute auch kaum noch den tatsächlichen Verhältnissen entsprechen mag, dürfte dieser Index bei einer so grundlegenden Untersuchung, wie es die Reallohnentwicklung ist, viel zu ungenau und problematisch sein. Hinzu käme noch, daß sowohl in Stadt und Land als auch in den einzelnen Gebieten des Deutschen Reiches beträchtliche Schwankungen in der Preisgestaltung der Konsumgüter vorliegen. Das führt zu der nicht unbegründeten Behauptung, daß sich überhaupt kein allgemeiner Reichsindex bilden lasse. Denn die Gebiete mit niedrigen Lebenshaltungskosten seien meist relativ dünn besiedelte Agrargebiete, während demgegenüber die übervölkerten Industriegebiete mit hohen Lebenshaltungskosten stehen. Um einen einigermaßen haltbaren Reichsdurchschnitt zu erlangen, müssen die Lebenshaltungskosten der einzelnen Landesteile in Beziehung gesetzt werden zu der Bevölkerungszahl, die durch sie berührt wird. Theoretisch ist diese Argumentation durchaus richtig. Es kann kaum bestritten werden, daß ein mit Hilfe des Lebenshaltungsindex errechneter Reallohn immer nur einen sehr groben Durchschnittswert ergibt, der bei den regionalen Tariffestsetzungen stets noch ergänzend der einzelnen Landesindizes bedarf.

Wenn aber auch der Lebenshaltungsindex nur einen Annäherungswert darstellt, so dürfte die Höhe der tatsächlichen Abweichungen von gewerkschaftlicher Seite doch stark übertrieben sein. Kann man vielleicht auch nicht die einzelnen Schwankungen der Reallohnentwicklung erkennen, so genügt die Genauigkeit der Indexzahl doch, um den Trend der Reallohnentwicklung eindeutig klar verfolgen zu können. Die Steigerung ist zu groß, um nicht klar hervorzutreten, ist doch seit der Zeit der Stabilisierung der deutschen Währung bis zum November 1931 der Reallohn um 68,9 % gestiegen. Selbst wenn man mit Rücksicht auf das ungewöhnlich tiefe Lohnniveau der Inflationszeit, dessen Auswirkungen das Jahr 1924 noch beherrschen, erst den Sommer 1925 als Ausgangspunkt nimmt, so ist trotzdem der Reallohn in der Zeit von Juli 1925 bis November 1931 um 33⅓ % gestiegen.

Vergleicht man aber die Nominallohnentwicklung außer mit dem Lebenshaltungsindex auch mit dem weniger problematischen und einheitlicheren Großhandelsindex, so kommt man zu analogen Resultaten[52]):

Zeit	Großhandelsindex	Tarifl. Stundenlohn[53])	Lebenshaltungsindex
1925 Oktober	123,7	85,1	143,5
1926 Januar	120,0	86,7	139,8
1927 Januar	135,9	87,4	144,6
1927 April	134,8	89,9	146,4
1928 Januar	138,7	95,7	150,8
1928 Juli	141,6	100,9	152,6
1929 Januar	138,9	103,1	153,1
1929 Mai	135,5	105,7	153,5
1930 Januar	132,3	107,1	151,6
1930 Mai	125,7	107,4	146,7
1931 Januar	115,2	106,7	140,4
1931 April	113,7	102,5	137,2
1931 September	108,6	101,0	134,0
1931 Oktober	107,1	100,6	133,1
1931 November	106,6	100,1	131,9
1932 Januar	100,0	90,4	124,5

Während vom Oktober 1925 bis zum Januar 1932 — also nach der Durchführung der Lohnsenkungsaktion — eine Lohnsteigerung von 6,3% festzustellen ist (wobei allerdings zu berücksichtigen wäre, daß auch die soziale Belastung eine Steigerung erfahren hat), sank in der gleichen Zeit bis Januar 1932 der Großhandelsindex um 19,2%. Nach den Bestimmungen der Notverordnung vom 8. Dezember 1931 sollen allgemein die Löhne auf das Niveau vom 10. Januar 1927 gesenkt werden. Soweit die Nominallöhne in Frage kommen, ist es auch im großen und ganzen geschehen, wenn sich die Löhne im Durchschnitt auch noch etwas über dieser Höhe halten. So beträgt der tarifliche Stundenlohn im Januar 1927: 87,4 Rpf., im Januar 1932: 90,4 Rpf., was immer noch einer Zunahme um 2,2% entspricht. Vergleicht man aber damit die Entwicklung des Großhandelsindex, so stellt man fest, daß er vom Januar 1927 bis Januar 1932 von 135,9

[52]) Der Großhandelsindex ist deshalb zum Vergleich herangezogen worden, weil der Lebenshaltungsindex bei der Berechnung des Reallohnes oft als problematisch angesehen wird, und auch von uns nur mit gewissem Vorbehalt angewandt wurde. Der Großhandelsindex, der an sich einwandfreier ist, spiegelt, wie die Tabelle zeigt, eine analoge Entwicklung wie der Lebenshaltungsindex wider. Da aber der Großhandelsindex auf die internationale Weltmarktlage äußerst sensibel reagiert, läßt er sich auch nicht unmittelbar in Beziehung setzen zu den nationalen Tariflöhnen. Es muß also besonders betont werden, daß dieser Vergleich lediglich eine Ergänzung zu dem Vergleich mit dem Lebenshaltungsindex darstellen soll, und daß er nur tendenziell zu werten ist; daß also hieraus keine direkten Schlüsse auf eine Lohnbeeinflussung möglich sind.

[53]) Tariflicher Stundenlohn im Durchschnitt von 17 Gewerben (s. Tab. 5).

auf 100,0, also um 26,4% gesunken ist. Während also der Nominallohn angenähert konstant geblieben ist, ist gleichzeitig der Großhandelsindex um 26,4% und der Lebenshaltungsindex um 16% zurückgegangen[54]). Diese Übereinstimmungen in den Vergleichen beweisen, daß tatsächlich in den Jahren nach beendeter Inflation nicht nur die nominale Lohnhöhe, sondern auch der effektive Reallohn gestiegen sind.

Die Gewerkschaften wehren sich trotz der Tatsache der Reallohnsteigerung energisch gegen jede Lohnreduzierung und bedienen sich dabei des propagandistischen Mittels zu behaupten, daß sie nur das Existenzminimum der Arbeiter verteidigten. Das tritt besonders in der Jetztzeit in Erscheinung, wo der Unterschied zwischen den höchsten Sätzen der Arbeitslosenversicherung und den niederen Lohnkategorien nur gering ist. Man kann ihnen bei dieser Behauptung zustimmen; es ist jedoch die Frage zu beantworten, was eigentlich unter einem Existenzminimum verstanden wird. Es ist klar, daß man nur das rein physische Existenzminimum berechnen kann, und daß ein Versuch, das gewohnheitsmäßige Existenzminimum zahlenmäßig zu bestimmen, jeder exakten Grundlage entbehrt. Wenn Lassalle im „Ehernen Lohngesetz“[55]) betont: „daß der durchschnittliche Arbeitslohn i m m e r auf den notwendigen Lebensunterhalt reduziert bleibt, der in einem Volke gewohnheitsmäßig zur Fristung der Existenz und zur Fortpflanzung erforderlich ist“, so besagt eine derartige Formulierung nicht allzuviel; denn es erhebt sich sofort die Frage, was in einem Volke als gewohnheitsmäßig zur Fristung des Lebens und zur Fortpflanzung angesehen wird. Man kann es geradezu als eine psychologisch feststehende Tatsache ansehen, daß der in einem Volke gewohnheitsmäßig als notwendig angesehene und benötigte Lebensunterhalt sich immer — und mit großer Schnelligkeit — dem jeweiligen Lohnniveau anzupassen pflegt, sodaß also jede Lohnreduzierung — unabhängig von der Höhe des bestehenden Lohnniveaus — als eine Unterschreitung des Existenzminimums empfunden und bekämpft wird. Der Lebensstandard des Arbeiters ist also hiernach identisch mit dem Existenzminimum, und der Kampf geht eben um nichts anderes als um eine möglichst gehobene Lebenshaltung.

Zur Unterstützung der theoretischen Fundierung ihrer Lohnforderungen weisen die Gewerkschaften darauf hin, daß ihr ständiges Drängen nach höheren Löhnen der antreibende Faktor zur wirtschaftlichen Entwicklung und Rationalisierung gewesen sei. Ohne Frage hat das hohe Lohnniveau dazu beigetragen, daß die Industrien sich nach Möglichkeit von arbeitsintensiver zu kapitalintensiver Arbeits-

---

[54]) Vergleiche auch: Dr. E. Achenbach in „Der Arbeitgeber“, Nr. 7 vom 1. April 1932 pag. 145.

[55]) Lassalle, Offenes Antwortschreiben pag. 29, Ausgabe Berlin 1895, zitiert bei Paul Arndt in „Lohngesetz und Lohntarif“ Frankfurt a/M. 1926 pag. 78.

methode umzustellen versuchten, um sich von dem ungewissen Lohnfaktor so weit wie möglich unabhängig zu machen. Der volkswirtschaftliche Nutzen des auf diese Weise erzwungenen Fortschrittes ist allerdings zweifelhaft; wie es bereits ausführlich bei der Kritik der Arbeitgeberargumente (vergl. pag. 38 ff.) dargelegt wurde. Der eigentliche, von den Gewerkschaften verfolgte Zweck der Rationalisierungsbestrebungen ist der, daß durch sie eine absolute Kostenverminderung erzielt werden soll, die einen Ausgleich für die Lohnsteigerungen gewährleistet. Es gibt eigentlich nur drei Gründe, aus denen ein Unternehmer veranlaßt werden könnte, seinen Betrieb zu rationalisieren: einmal ist es die Notwendigkeit, konkurrenzfähig zu bleiben. Hier tritt keine absolute Kostenersparnis ein, da es sich hier um konkurrenzmäßig erzwungene Qualitätsverbesserungen bzw. Preissenkungen handelt. Soweit hierbei Güter in Frage kommen, die dem Arbeiterkonsum dienen, kommt die Rationalisierung den Arbeitern als Konsumenten voll zugute, ohne daß die Gewerkschaften irgendeinen Druck hätten ausüben müssen. Ein weiterer Grund zur Rationalisierung wäre der, daß der Unternehmer dem Druck der Gewerkschaften ausweichen will. Eine solche Rationalisierung, die nur infolge einer Lohnsteigerung rentabel würde, bringt naturgemäß in der Regel keine absolute Kosteneinsparung mit sich, da es sich lediglich um eine interne Verschiebung der einzelnen Unkostenfaktoren handelt. Der dritte Grund, aus dem eine Rationalisierung in Frage kommt, ist die eigentliche organische Entwicklung einer Industrie, deren Absatz sich allmählich ausgeweitet hat, und deren Produktion voll ausgenutzt ist. In diesem einzigen Falle tritt in der Tat eine absolute Kostensenkung ein, da der optimale Beschäftigungsgrad einer Industrie stets die geringsten Kosten pro Produktionseinheit mit sich bringt. Aber auch hier ist ein gewerkschaftlicher Druck nicht mehr vonnöten.

Vergleicht man zusammenfassend die Stellungen der Gewerkschaften und der Arbeitgeberverbände, so kann man den prinzipiellen Unterschied in der Haltung beider Parteien, prägnant gegenübergestellt, folgendermaßen formulieren: Die Arbeitnehmer erblicken die Ursache des wirtschaftlichen Niedergangs in der zu geringen Höhe des Reallohnes, wodurch die Kaufkraft der Massen zurückgegangen ist. Ein Konjunkturantrieb ist nur von der Konsumseite her möglich und zu erwarten. Dagegen stehen die Arbeitgeber, die in der Höhe des Lohnniveaus eine Gefährdung der Rentabilität der Unternehmen erblicken, und die gleichzeitig in der Lohnhöhe eine Erschwerung der Kapitalbildung sehen, die sich in hohem Zins und seinen unheilvollen Folgeerscheinungen für Kapitalinvestition ausdrückt. Ein Konjunkturantrieb ist nur von der Produktionsseite her möglich und zu erwarten.

Entsprechend diesen Grundauffassungen sind naturgemäß auch die Beurteilungen in der Beziehung zwischen Lohnhöhe und Arbeitslosigkeit entgegengesetzt. Die Gewerkschaften stehen mit ihrer

Konsumtheorie auf dem Standpunkt, daß hohe Löhne die Krise, und damit die Arbeitslosigkeit, beheben, zumindest aber eindämmen können. Dagegen stehen die Arbeitgeberverbände, die in der Lohnhöhe und ihrer Starrheit eine wesentliche Ursache der Arbeitslosigkeit erblicken.

III. Abschnitt.

Theorie.

Zwei Gegensätze stehen sich hier im Kampf um den Lohn gegenüber: zwei Gegensätze so grundlegender Art, daß eine Synthese praktisch als kaum erreichbar erscheint. Die Schwierigkeit, beide Parteien synthetisch zu verbinden, besteht vielleicht weniger in der rein theoretisch wissenschaftlichen Kontroverse, als vielmehr in der prinzipiellen Gegensätzlichkeit zweier Weltanschauungen. Der Kampf um den Lohn ist kein Ringen zur Erreichung eines wirtschaftlichen Optimums, es ist ein Kampf, in dem wirtschaftstheoretische Argumente lediglich als Stütze dienen zur Erreichung exogener Ziele. Es ist grundsätzlich der Kampf zwischen Kapitalismus und Sozialismus; das bedeutet, daß die treibende Kraft in dem Willen begründet liegt, einer philosophischen Weltanschauung zum Siege zu verhelfen. Jede der beiden Parteien aber ist nicht nur ideell an dem Kampfe beteiligt; an der Verwirklichung des einen oder anderen Ideals sind beide Parteien im höchsten Maße materiell interessiert. Dadurch, daß jeder Einzelne ein materielles Interesse an der Verwirklichung seiner Anschauung hat, konnte dieser weltanschauliche Kampf um den Kapitalismus die radikalen Formen eines Klassenkampfes annehmen. Es ist daher schwierig, aus den Argumentationen beider Parteien all die exogenen Bestandteile zu sondern von denjenigen, die tatsächlich wirtschaftswissenschaftlich eine bestimmte Verbundenheit zwischen Lohn und Arbeit nachweisen. Es wird also vor allem die Frage zu lösen sein: sind Lohnhöhe und Arbeitslosigkeit ökonomische oder soziologische Phänomene? Das würde bedeuten, daß im ersten Falle Lohnhöhe und Arbeitslosigkeit im Kausalzusammenhang mit den übrigen Wirtschaftsfaktoren sich nach eigener Gesetzmäßigkeit verändern; im zweiten Falle aber unabhängig von ökonomischen Gesetzen, durch machtpolitischen Einfluß weitgehend bestimmbar sind.

A. Untersuchung der Frage, ob Arbeitslosigkeit ein ökonomisches oder soziologisches Phänomen ist.

Um festzustellen, ob die Arbeitslosigkeit in ihrer heutigen Ausdehnung eine ökonomisch oder soziologisch bestimmte Erscheinung ist, ist es notwendig, auf ihre Ursachen einzugehen. Dabei ist zunächst festzustellen, daß die Arbeitslosigkeit allerdings ein Anzeichen sinkender Konjunktur ist. Jedoch hat die heutige Arbeitslosigkeit eine Ausdehnung erreicht, die nicht mehr durch konjunkturelle und saisonmäßige Schwankungen erklärbar ist. Durch die Konjunktur ist die Höhe der Arbeitslosenzahl zweifellos beeinflußt worden; sie bietet aber keine begründete Erklärung dieser Erscheinung an sich. Auch in der Vorkriegszeit gab es in gewissem Umfange Arbeitslosigkeit; aber diese war sowohl zeitlich wie örtlich beschränkt und ist zum überwiegenden Teil auf Auswirkungen von Saisonschwankungen zurückzuführen, obgleich auch damals Konjunktureinflüsse auf dem Arbeitsmarkt festzustellen waren[56]). Das Phänomen der Arbeitslosigkeit ist erst durch seine räumliche und zeitliche Unbegrenztheit nach dem Weltkriege zum wirtschaftlichen Problem geworden, und so mögen auch die Ursachen der heutigen strukturellen Arbeitslosigkeit im Weltkriege zu suchen sein. In der Zeit vor 1914 war Europa der Lieferant für fast sämtliche Industriegüter der gesamten Welt, und seine Produktionskapazität war demnach auf einen entsprechenden Export eingestellt. Dieser Export fiel naturgemäß während des Krieges aus, und so sahen sich die anderen, vor allem die überseeischen Mächte gezwungen, eine eigene Industrie aufzubauen. Rohstoffländer entwickelten sich zu Industriestaaten; denn sie mußten jetzt selbst den eigenen Bedarf an Industriegütern decken, und außerdem bedeutete der gesteigerte Verbrauch des kriegführenden Europa eine Möglichkeit für die neutralen Mächte, ihrerseits für den Export zu produzieren, während die gesamte europäische Industrie ausschließlich für den Kriegsbedarf in Anspruch genommen war. So wurde durch die Unterbindung der ausgleichenden Handelsbeziehungen und durch den der Vernichtung unmittelbar ausgesetzten Verbrauch von Produktionsgütern in der Welt eine Kapazität der Industrien erreicht, die selbst durch den höchsten Normalkonsum nicht hätte ausgenutzt werden können, wieviel weniger durch den zurückgegangenen Verbrauch der durch den Krieg geschwächten Volkswirtschaften. Eine weitere Produktionsvermehrung trat ein, als ein Teil der deutschen Industrie durch Abtrennung von Gebietsteilen für das Reich verloren ging, und als man gezwungen war, den ehemaligen deutschen Unternehmern durch Abfindung die Möglichkeit zu schaffen, neue Industrien zu errichten, während gleichzeitig die alten, ehemals deutschen Industrien weiter produzierten[57]). Es war natürlich, daß die neuen deutschen Unternehmungen, ebenso wie die übrigen, während des Krieges völlig abgewirtschafteten Industrien, da sie ja sowieso ihren Maschinenpark erneuern mußten, ihre Produktion aufs modernste rationalisierten. Die Produktionskapazität überstieg um ein Vielfaches die vorhandene Konsumkraft. Es waren also ungeheure Kapitalinvestitionen erfolgt: in den ehemaligen Rohstoffländern, um eine aufgeblähte Kriegs-

---

[56]) So waren im Jahre 1912 von den gewerkschaftlich organisierten Arbeitern im Jahresdurchschnitt etwa 2 % arbeitslos, was einer Zahl von ca. 36 900 entsprechen würde. Hierbei sind nur die gewerkschaftlich organisierten Arbeiter berücksichtigt. (Statistisches Jahrbuch 1913.)

[57]) Es ist hier auf die besondere Bedeutung der Reparationen hinzuweisen; immerhin kann diese an sich wichtige Frage in diesem Zusammenhang vernachlässigt werden, da die Reparationen die vorhandenen Tatbestände zwar noch verschärft, aber nicht grundsätzlich gestaltet haben.

industrie befriedigen zu können, in Europa und besonders in Deutschland, um die heruntergewirtschaftete Industrie zu renovieren. Da aber die Kapazität weder hier noch da voll ausgenutzt werden konnte, sank die Rentabilität der Betriebe, die ja auch den Zinsen- und Amortisationsdienst aufbringen mußten. Die Scheinblüte der Inflationsjahre wirkte nur aufschiebend auf den wirtschaftlich notwendigen Prozeß. Mit Hilfe zusätzlichen Kredites konnten sich die Industrien noch eine Zeitlang halten, bis dann auch diese künstliche Stütze fiel, und die aus sich heraus nicht mehr rentabel arbeitenden Unternehmungen zum Erliegen kamen. Da keine hemmenden oder entgegenwirkenden Kräfte vorhanden waren, mußte sich die Zahl der Zusammenbrüche und Stillegungen lawinenhaft vergrößern; und hier mag eine der Ursachen der dauernden Arbeitslosigkeit zu suchen sein.

Als weitere Ursache für die Arbeitslosigkeit dürfte die Tatsache anzusehen sein, daß heute der Arbeitsmarkt mit etwa 6 Millionen bis 7 Millionen Menschen mehr belastet ist als im Jahre 1913. Das dürfte zu erheblichem Teil auf die Bevölkerungsvermehrung der letzen Vorkriegsjahre zurückzuführen sein, die von Mitte 1925 bis Ende 1929 einen Zuwachs an Erwerbstätigen von 1,6 Millionen zur Folge hatte[58]). Eine weitere Ursache für diese ungewöhnliche Vermehrung der Erwerbstätigen liegt darin, daß in den Jahren während und nach dem Kriege die Frauenbewegung bedeutende Fortschritte erzielt hatte, was ganz besonders während der Kriegszeit — schon wegen des Mangels an männlichen Arbeitskräften — ein Eindringen der Frauen in ursprünglich männliche Berufe und Arbeitsplätze zur Folge hatte, aus denen sie auch nach Beendigung des Krieges nur teilweise wieder ausschieden. Hinzu kommen noch die Angehörigen des in der Inflation und der darauffolgenden Deflation zusammengebrochenen Mittelstandes, die früher teils als selbständige Gewerbetreibende, teils als Rentner gelebt hatten. Sie bildeten einen weiteren Zuzug zu den bereits stark eingeschränkten Produktionsstätten und lasteten so noch mehr auf dem Arbeitsmarkt. Berücksichtigt werden muß auch die Belastung, die der Arbeitsmarkt durch die Auflösung des deutschen Heeres erfuhr, die, setzt man die Friedensstärke des Heeres mit 800 000 Mann an, die Zahl von 700 000 Mann erreichen dürfte (dabei bleibt die Zahl derer, die durch die entsprechenden Heeresaufträge Brot und Erwerb fanden, unberücksichtigt).

Wenn man also die Ursachen der heutigen hohen Arbeitslosigkeit überprüft, so muß man zu dem Ergebnis kommen, daß der Ursprung der nicht saisonbedingten Arbeitslosigkeit in exogenen Erscheinungen zu suchen ist. Daß auch die starre Lohnhöhe nicht allein für das Bestehen der Arbeitslosigkeit verantwortlich ist, geht daraus hervor, daß selbst im Jahre 1924 die Arbeitslosigkeit eine durchschnittliche Höhe von 880 000 gehabt hat, während gleichzeitig

[58]) Gerhard Colm, „Lohn, Zins, Arbeitslosigkeit" in „Die Arbeit" Heft 4, 1930.

der durchschnittliche Real- und Nominallohn ein Drittel niedriger war als 1931. Man kann also sagen, daß der heutige Umfang der Arbeitslosigkeit im großen und ganzen kein ökonomisches Phänomen ist, daß er vielmehr vorwiegend durch exogene, das heißt durch nicht rein wirtschaftliche, sondern interessenpolitische Tatbestände ursächlich bedingt ist.

B. Untersuchung der Frage, ob die Lohnhöhe ein ökonomisches oder soziologisches Phänomen ist.

Welches sind nun die Momente, die innerhalb einer Volkswirtschaft die Lohnhöhe bestimmen? Betrachtet man die Entwicklung der Lohngestaltung historisch, so ist es unzweideutig, daß ursprünglich der Lohn das Resultat eines rein ökonomischen Prinzips, des Gesetzes von Angebot und Nachfrage, gewesen ist. Als im Jahre 1868 die ersten Gewerkschaften gegründet wurden, änderte sich an dieser Gesetzmäßigkeit noch nichts; denn die damaligen Gewerkschaften verfügten noch nicht über die Macht, die Marktgestaltung maßgeblich zu beeinflussen. Erst 28 Jahre später, im Jahre 1896, kam der erste Tarif — es war das Buchdruckergewerbe, das ihn einführte — zustande. Er wurde damals selbst von den Gewerkschaften bekämpft, bedeutete er doch ein Abweichen von den Grundsätzen des Klassenkampfes[59]). Erst allmählich konnte er sich durchsetzen und seinen Aufgabenkreis erweitern. Die Tarifverträge beschäftigten sich nicht mehr ausschließlich mit Lohnfragen, sondern sie wurden dahin ausgebaut, daß sämtliche anderen Arbeitsbedingungen, wie Urlaub, Arbeitszeit, Kündigungen usw., tariflich geregelt wurden. Immerhin war die Zahl der durch Tarife geschützten Arbeitnehmer in den letzten Vorkriegsjahren verhältnismäßig gering, sie lag etwa um 1½ Millionen und konnte so keinen bestimmenden Einfluß auf die allgemeine Lohnhöhe ausüben. In der Nachkriegszeit setzte, begünstigt durch die politische Konstellation, eine Expansion der gewerkschaftlichen Machtsphäre ein, die innerhalb von wenigen Jahren die Zahl ihrer organisierten Mitglieder verzehnfachte und heute etwa 80 % der vorhandenen Arbeitskraft in ihren Organisationen zusammenfaßt und kontrolliert. Das Bild hat sich also wesentlich verschoben: da, wo sich früher auf freiem Markte Unternehmer und Arbeiter gegenüberstanden, stehen sich heute organisierte Arbeitgeberverbände und Gewerkschaften gegenüber. Die Marktregulierung ist weitgehend bei der Festsetzung des Arbeitspreises ausgeschaltet, und statt des individuellen Arbeitsvertrages regelt ein kollektiver Tarifvertrag die Arbeitsbedingungen.

In dieser Situation ist die Frage berechtigt: Kommt der Tarifvertrag überhaupt auf Grund wirtschaftlicher Notwendigkeit zustande oder ist er überwiegend das Resultat machtpolitischer Kräfteverteilung? Bei den Lohnverhandlungen zwischen Unternehmer- und

---

[59]) Dr. O. Heilborn, „Die „Freien" Gewerkschaften seit 1890", Jena, 1907.

Arbeitnehmerverbänden treten die Gewerkschaften gleichsam als Verkaufssyndikate der „Ware" Arbeitskraft auf. Sie haben so nach unserer Auffassung durchaus monopolistischen Charakter, sind sie doch in der Lage, ihre „Ware" eine Zeitlang zurückzuhalten, indem sie den Streik proklamieren[60]. Nun unterscheiden sich die Gewerkschaften jedoch, trotz ihrer Tendenz zur Monopolbildung, grundsätzlich von den Monopolen im handelsüblichen Sinne. Während ein Handelsmonopol zur Erzielung höherer Preise sein Angebot vorübergehend zurückhalten kann, ohne daß direkte Verluste eintreten, bedeutet ein Zurückhalten der „Ware" Arbeitskraft eine direkte Vernichtung volkswirtschaftlicher Werte; denn nicht genutzte Arbeitskraft verfällt, ohne daß eine Möglichkeit besteht, sie „aufzuspeichern". Daher ist auch der Streik nicht als wirtschaftspolitischer Faktor anzusehen, sondern er trägt ausgesprochenen machtpolitischen Charakter. Um den Streik wegen seiner volkswirtschaftlichen Schäden als Kampfmittel nach Möglichkeit auszuschalten, tritt der Staat als Schlichter bei Lohnstreitigkeiten in Funktion. Wenn auch die sozialistische Tendenz der Gewerkschaften den heutigen Staat ablehnt, so ist sie doch nicht mehr wie früher staatsfeindlich eingestellt und, vorausgesetzt, daß der Sozialismus im Staate einen bedeutenden Einfluß besitzt, bejaht sie auch dessen autoritative Lohnpolitik. Der Schlichter, der die Verantwortung für das Zustandekommen eines Tarifes trägt, entscheidet erfahrungsgemäß in der Weise, daß zwischen den Forderungen der Parteien ein Kompromiß entsteht. Es ist klar, daß bei einer derartigen Sachlage sowohl die Gewerkschaften als auch die Unternehmerverbände ihre Forderungen nicht auf die wirtschaftliche Notwendigkeit abstimmen, sondern, um die Kompromißmitte jeweils möglichst günstig zu gestalten, für extrem radikale Forderungen eintreten. Auch aus propagandistischen Gründen stellt sich eine extreme Forderung als zweckmäßig heraus;

---

[60]) Richard Strigl untersucht theoretisch die Frage der Chancen der machtpolitischen Gruppen in seinem Buch: „Angewandte Lohntheorie", Leipzig u. Wien 1926 (pag. 50—53). Strigl versucht kalkulatorisch festzustellen, wie hoch sich der Schaden bei Streiks und Aussperrungen für die Parteien beläuft, und wie lange es zweckmäßig ist, von diesen Machtmitteln Gebrauch zu machen. Für den Unternehmer bedeutet Betriebsstillstand entgangenen Gewinn und Verlust von Zins für investiertes Kapital; für den Arbeitnehmer Ausfall der Verdienstmöglichkeit. Strigl argumentiert: „Man kann die Höhe des Verlustes, welchen die Arbeiterschaft durch den Lohnausfall erleidet, vergleichen mit dem erzielten Gewinn in der Lohnhöhe bzw. mit dem vermiedenen Verlust bei verhinderter Lohnhrabsetzung. Der Ausfall eines Wochenlohnes bedeutet bereits rund 2 % des Jahreslohnes, der Ausfall von vier Wochen bereits 8 % usw." Es muß also der durch den Streik erzielte Gewinn mindestens den Lohnausfall innerhalb einer begrenzten Zeit — Strigl nimmt ein Jahr an — wettmachen, um dieses Kampfmittel als rentabel erscheinen zu lassen. Strigl gibt jedoch zu, daß diese wirtschaftlichen Rentabilitätserwägungen der Streiks, durch Prestigefragen usw., nicht immer ausschlaggebend sind. Immerhin kommt er durch wirtschaftstheoretische Untersuchungen machtpolitischer Tatbestände zu einer Beschränkung der Zeit, während der die „Ware" Arbeitskraft vom Markte zurückzuhalten ist.

denn dadurch soll den Mitgliedern ein Beweis für die Aktivität des Verbandes erbracht werden. Daß eine derartig extreme Forderung zum Schaden der Volkswirtschaft nicht durchdringt, dafür zu sorgen ist ja der staatliche Schlichter bestellt. Die Entscheidung der Schlichtungskammer kann, falls sie von den Parteien oder einer von ihnen abgelehnt wird, von Amts wegen für rechtsverbindlich erklärt werden, „wenn die in ihr getroffene Regelung bei gerechter Abwägung der Interessen beider Teile der Billigkeit entspricht und ihre Durchführung aus wirtschaftlichen und sozialen Gründen erforderlich ist"[61]. Der Staat als Schlichter zwischen Gewerkschaften und Arbeitgeberverbänden bestimmt also infolge des Schlichterabkommens de facto die Lohnhöhe. Bei der Festsetzung der Löhne sind, wie in den Bestimmungen hervorgehoben wird, die wirtschaftlichen Gründe nicht die allein maßgeblichen, sondern es wird in der Beurteilung der Argumentationen weitgehend auf soziale Notwendigkeiten Rücksicht genommen. Es liegt aus psychologischen Gründen sehr nahe, daß diese sozialen Motive für eine Lohnsteigerung an und für sich als unerschöpflich angesehen werden, sodaß stets und zu jeder Zeit aus sozialen Motiven heraus eine Lohnsteigerung gerechtfertigt erscheint; denn die Lebenshaltung paßt sich immer jeder Lohnsteigerung unmittelbar an, und es liegt im Wesen der menschlichen Natur begründet, daß sich nach Befriedigung eines erstrebten Wunsches automatisch neue Bedürfnisse einstellen, die abermals nur durch eine Lohnerhöhung befriedigt werden können. Da diese Kette die Tendenz hat, ad infinitum zu gehen, kann sie unmöglich als eine aus rein wirtschaftlichen Gründen gerechtfertigte Grundlage für eine gesunde, reale Lohnpolitik gelten.

Hieraus ergibt sich, daß in der Tat die Lohnhöhe in überwiegendem Maße durch Machtverhältnisse realiter bestimmt wird und letzten Endes auch bestimmt werden muß, solange man die Existenz von Marktverbänden und Gewerkschaften nicht bestreitet. Das bedeutet, daß die Lohnhöhe nicht allein von den Marktverhältnissen her, also durch Angebot und Nachfrage, zu erkennen ist. Zu der Zeit, als es noch keine Gewerkschaften gab, bzw. als die Gewerkschaften noch keinen Einfluß auf die Lohnhöhe hatten, konnte man mit vollem Recht die liberalistische Lohntheorie aufstellen, die ja eine Markttheorie des Lohnes war, und als solche damals mit der empirischen Situation im Einklang stand. In dem Maße jedoch, in dem die Gewerkschaften Einfluß auf die Lohnpolitik bekamen, wurde dieser Einklang zwischen Empirie und Theorie gestört. Damals konnte man es sich, nicht zuletzt infolge der politischen Lage, erlauben, die Arbeitskraft als eine Ware anzusehen, die ebenso wie jeder andere Rohstoff konsequent den Gesetzen des Marktes unterworfen war. Die Durchführung dieser Idee führte zu einer Verelendung der Arbeiter, wie sie in prototypischer Weise in der schlesischen Webindustrie am

[61]) Schlichtungsordnung vom 30. September 1923, zitiert von F. Tarnow in „Die Arbeit" Heft 1, 1924.

Ausgang des vorigen Jahrhunderts in Erscheinung trat. Man hätte nun annehmen können, daß nach den Gesetzen der Lohnfondstheorie die Zahl der Arbeiterbevölkerung zurückgehen würde; aber, begünstigt durch die Strukturwandlung innerhalb der Industrie, trat gerade das Gegenteil ein, und heute stellt die Zahl der Lohnempfänger einen beträchtlichen Teil der Gesamtbevölkerung dar.

Wenn für eine Industrie sich die Marktlage derart verschlechtert, daß die Produktionskosten nicht vom Ertrag gedeckt werden können, so wird die Produktion eingeschränkt resp. ein Teil der Betriebe wird stillgelegt. Überträgt man nun dasselbe wirtschaftliche Prinzip auf die menschliche Arbeit, so würde das bedeuten, daß bei schlechter Marktlage die Arbeiter ihre Arbeitskraft stillegen müssen. Dabei stößt man nun auf die Schwierigkeit, die zugleich einen prinzipiellen Unterschied zwischen der „Ware" Arbeit und anderen Gütern aufdeckt, nämlich, daß der proletarische Arbeiter in der Regel besitzlos ist und in der Regel auch besitzlos sein muß (denn sonst würde er ja nicht unter den wirtschaftlichen Begriff des Arbeiters, für dessen Wesen die Besitzlosigkeit ein Kriterium ist, fallen). Während also der Unternehmer normalerweise eine Substanz besitzt, von der er leben kann (und sei es auch nur eine vielseitigere Ausbildung seiner Fähigkeiten), ist der Arbeiter auf seinen täglichen Verdienst angewiesen, um leben zu können. In dem Augenblick, in dem er auf freiem Markte nicht die nötigen Mittel erwerben kann, um seine Arbeitskraft fortlaufend reproduzieren zu können, d. h. um sein und seiner Familie Leben erhalten zu können, müßte er, da er nicht auf spätere Besserungen warten kann, zugrunde gehen, wenn nicht soziale Organisationen einspringen würden, um ihm den notwendigen Lebensunterhalt zu gewährleisten. Der Preis für die Arbeit kann also unter keinen Umständen — auch nicht für kürzere Zeit — unter ein bestimmtes Minimum heruntergehen. Während früher das Prinzip des Marktmechanismus als Dogma aufgestellt wurde, indem man behauptete, nur derjenige, der wirtschaftlich irgendeine Produktivität entfalte, habe ein Recht auf Konsum, steht man heute auf dem Standpunkt, daß in erster Linie jeder Mensch das Recht zum Leben habe und folglich auch auf die Mittel, die notwendig sind, um die Durchführung dieses Rechtes zu ermöglichen.

Aus all dem geht hervor, daß der Lohn gebildet wird aus dem Abwägen machtpolitischen Einflusses der beiden sich gegenüberstehenden Parteien, und ferner, daß rein soziale Gesichtspunkte maßgebend sind dafür, daß der Lohn nicht mehr den großen Schwankungen des Marktes ausgesetzt ist. Der Lohn ist also, obgleich er sich in der Wirtschaft als Kostenfaktor auswirkt, ein Resultat interessenpolitischer Tatbestände. In diesem Lichte gesehen, dürfte die Zweckdefinition der Gewerkschaften von Prof. Goetz Briefs wesentlich sein, wenn er schreibt[62]): „Gewerkschaft will nicht die

[62]) Prof. Goetz Briefs, „Gewerkschaftswesen und Gewerkschaftspolitik" im Handwörterbuch der Staatswissenschaften, 4. Aufl., 1927.

Arbeit erst auf den Charakter anderer Waren umformen; ihr Sinn vom Standpunkt des Lohnarbeiters innerhalb der liberalen Verkehrswirtschaft ist, der als Ware gehandelten Arbeit den ihr immanenten Charakter als menschlicher Lebensäußerung zu wahren und insbesondere der Gebundenheit der Arbeit an eine menschliche Person im Arbeitsverhältnis möglichst Rechnung zu tragen". Der Lohn ist also sowohl auf Grund der seine Höhe bestimmenden Faktoren als auch durch die Aufgaben, die er in der Gesellschaft zu erfüllen hat, wirtschaftsexogenen Ursprungs und Charakters. Daß trotzdem der Lohn ein bedeutender Faktor innerhalb der Betriebswirtschaft ist, ändert nichts an dieser Tatsache. Ebenso wie die Witterung maßgeblichen Einfluß auf die Landwirtschaft ausübt und trotzdem wohl kaum als eine Funktion der Landwirtschaft angesehen werden kann, ebensowenig kann die Lohnhöhe aus wirtschaftlichen Notwendigkeiten heraus erklärt werden.

C. Theorie über die Beziehungen zwischen Lohn und Arbeit.

Der Lohn ist der Anteil der Arbeitnehmer am Sozialprodukt. Wenn auch die Lohnhöhe abhängig von sozialpolitischen Machtverhältnissen ist, so ist der Lohn als solcher eine Funktion der Arbeit. Für eine bestimmte Arbeitsleistung muß ein Entgelt gezahlt werden; eine Tatsache, die ihren Grund in dem ökonomischen Prinzip, das jedem Menschen immanent ist, hat. Der Lohn an sich ist also von dem ökonomischen Faktor Arbeit abhängig, während seine Höhe von einer Reihe soziologischer Momente bestimmt wird. M. a. W. die Höhe des Anteils der Arbeitnehmer am Sozialprodukt ist durch wirtschaftsexogene Motive bestimmt, während die abstrakte Idee des Anteils am Sozialprodukt überhaupt als ökonomisches Phänomen anzusehen ist. Wenn man unter diesen Voraussetzungen nun über die Beziehungen zwischen Lohn und Arbeit Zusammenhänge klarlegen will, so muß man sich stets dessen bewußt bleiben, daß hier die Gegenüberstellung eines rein wirtschaftlichen Phänomens, der Arbeit, mit einem wesentlich durch außerwirtschaftliche Tatsachen bestimmten Faktor, dem Lohn, erfolgt. Denn wenn man eine Beziehung zwischen Arbeit und Lohn herstellt, so kann unter dem Begriff des Lohnes stets nur die L o h n h ö h e verstanden werden; denn es wäre unmöglich, die konkrete Erscheinung der Arbeit zu vergleichen mit der abstrakten Idee des Lohnes an sich.

Die sämtlichen Lohntheorien von Adam Smith bis Lassalle gingen von der Fiktion aus, daß der Lohn ausschließlich ein Resultat des ökonomischen Gesetzes der freien Marktwirtschaft sei. Diese Fiktion war berechtigt in einer Zeit, in der soziale Momente keine wesentliche Rolle spielten. Am reinsten wurde diese Markteigenschaft im Wesen der „Ware" Arbeit in den Zeiten des Sklavenhandels verkörpert. Die rein ökonomischen Momente, die bei der Festsetzung der Lohnhöhe im vergangenen Jahrhundert maßgebend waren, sind in den letzten 50 Jahren, in einer Zeit, in der die Wirtschaft eine strukturelle Veränderung durchgemacht hat, nicht mehr als stichhaltig anzusehen. Was bei einer geringen Bevölkerungszahl und bei handwerklicher Arbeitsweise als maßgebend erschienen war, hat heute bei einer großen Übervölkerung und bei einer bis ins kleinste hinein durchorganisierten Industrie seine Bedeutung verloren.

Wenn man nun fragt, nach welchen Gesetzen bildet sich bei der gegenwärtigen wirtschaftlichen Situation der Lohn, so ist es vielleicht möglich, auf Grund eines Ausspruches von J. H. Richardson eine Lösung zu finden. Bezugnehmend auf die amerikanischen Arbeitsverhältnisse schreibt Richardson in der J. R. A.[63]): „Die Gesamtlohnsumme bildet anscheinend keinen höheren Anteil des Volkseinkommens als vor dem Krieg, obwohl sich die Lage der Arbeitnehmer verbessert hat. Man kann zahlenmäßig nachweisen, wie sich während der letzten Jahre das Verhältnis zwischen der Erhöhung der Löhne, der Produktion und dem Gewinn entwickelt hat. Zwischen 1922 und 1927 stiegen die Durchschnittsverdienste der Fabrikarbeiter um 2,4 % jährlich, während die Arbeitsleistung je Arbeiter in den Fabrikbetrieben um 3,5 % jährlich und die Gewinne der Erwerbsgesellschaften zwischen 1923 und 1927 im Durchschnitt um 9 % jährlich stiegen." Die Tatsache, die hierin zum Ausdruck kommt, erinnert sehr stark an die klassischen Lohnfondstheorien; man kann diesen Ausspruch Richardsons direkt als Argumentation für eine variable Lohnfondstheorie ansehen. Es handelt sich also nicht mehr um den starren Lohnfonds Adam Smith', auch nicht mehr um die Lohnfondstheorie Ricardos, die die Lohnhöhe in Abhängigkeit setzt zu dem „gewohnheitsmäßigen Bedürfnisminimum", sondern dieser variable Lohnfonds setzt die Lohnhöhe in Verbindung mit dem Volkseinkommen, mit dem Gesamteinkommen einer Volkswirtschaft. Das gesamte Volkseinkommen ist also gewissermaßen als der Lohnfonds anzusehen; nach ihm richtet sich der Lebensstandard eines Volkes. Es ist also nicht so, daß das gewohnheitsmäßige Bedürfnisminimum für den Lohn bestimmend ist; vielmehr ist die Kausalkette die, daß das gesamte Volkseinkommen die Höhe des Lohnes und dieser wiederum die Lebenshaltung bestimmt.

Das Volkseinkommen ist also der Fonds, aus dem der Lohn geschöpft werden kann; daß er tatsächlich daraus geschöpft wird, daß also ein entsprechender Anteil am Sozialprodukt für Lohnzahlungen aufgewendet wird, ist ausschließlich Aufgabe der Sozialpolitik. Die Gewerkschaften, als die organisierten Vereinigungen der Arbeitnehmerschaft, haben als Interessenverbände das Ziel, die Distribution dieses „Lohnfonds" für die Arbeitnehmer möglichst günstig zu gestalten. Sie streben eine gerechte Verteilung des Sozialproduktes an, wobei es ihnen prinzipiell weniger auf die absolute Höhe desselben ankommt, als vielmehr auf eine Steigerung ihres Anteils am Gesamtvolkseinkommen. Der eigentliche Zweck der Arbeitnehmer-

[63]) J. H. Richardson: „Die Lehre von den hohen Löhnen", in der „Internationalen Rundschau der Arbeit", Heft I, Januar 1930.

vereinigungen ist also der: für die Verteilung des Volkseinkommens zu sorgen. Der Kampf geht also de facto nicht um das Sozialprodukt — denn dessen Höhe wird durch andere Gesetze bestimmt —, sondern um dessen Aufteilung in Unternehmergewinn einerseits und Arbeitslohn andererseits.

Der Lohn als solcher wird also aus zwei Faktoren gebildet: einmal aus dem gesamten Volkseinkommen, das den überhaupt zur Verteilung verfügbaren Fonds bildet, und ferner wird er gebildet aus der Kräfteverteilung zwischen den Gewerkschaften und den Unternehmerverbänden heraus, durch die der „Fonds" in Unternehmergewinn und Arbeitslohn aufgeteilt wird[64]). Durch den ersten Faktor, durch das Volkseinkommen, wird gewissermaßen die Lohnbasis gebildet; durch den zweiten Faktor, durch die sozialpolitische Machtverteilung, wird die Höhe des Lohnes bestimmt.

Man kann also eine soziale Lohntheorie aufstellen, die besagt:

Die Höhe des Reallohnes wird bestimmt durch den variablen Lohnfonds, der gebildet wird durch das Gesamtvolkseinkommen und durch die Distribution desselben, dessen jeweilige Größe sich nach der machtpolitischen Kräfteverteilung der Arbeitgeber- und der Arbeitnehmerverbände richtet.

Diese Theorie analysiert das Phänomen des Lohnes, indem sie ihn in seine beiden Bestandteile zerlegt. Die Erkenntnis, daß nur die Basis des Lohnes ökonomisch bedingt ist, während die Lohnhöhe ein sozialpolitisches Problem darstellt, weist der ökonomischen Wissenschaft die Grenzen, innerhalb derer sie Einfluß nehmen kann auf die Gestaltung des Lohnes. Das Problem der Aufbringung kann vom ökonomischen Standpunkt aus erkannt werden; das Phänomen der Verteilung jedoch unterliegt anderen, nicht ökonomischen Gesetzmäßigkeiten.

Das Problem der Aufbringung des Lohnfonds, d. h. die Höhe des Volkseinkommens, ist eine Funktion der Produktion. Mit ihr steigt und fällt der Kapitalfonds, der zu Lohnzahlungen überhaupt zur Verfügung steht. Er steht somit in direkter Beziehung zur Leistungsfähigkeit einer Volkswirtschaft. Bei steigender Produktion steigt naturgemäß auch das Sozialprodukt, das nach Abzug der Akkumulationsrate zur Verteilung gelangen kann. Das Lohnproblem gipfelt nun aber nicht in der Frage der Aufbringung; denn die Produktionskapazität hat seit Jahrzehnten eine dauernde Steigerung erfahren. Soweit also die ökonomische Möglichkeit besteht, das Sozialprodukt zu vergrößern, d. h. solange ein Bedürfnis nach Waren vorhanden ist und solange dieses Bedürfnis in einer Nachfrage auf dem Markte zum Ausdruck kommen kann, dem von der Produktionsseite her ein ent-

---

[64]) Der zur Lohnzahlung verfügbare Fonds wird hier als die Größe angesehen, die sich ergibt nach Abzug aller volkswirtschaftlich benötigten Kapitalien.

sprechendes Angebot gegenübersteht, so weit bietet dieser Teil der Lohnfrage keine Schwierigkeiten. Das eigentliche Lohnproblem gipfelt vielmehr in der Schwierigkeit der Verteilung des Sozialproduktes, und hier mögen auch die Wurzeln zu suchen sein für eine Reihe von Disproportionen, die den Wirtschaftsrhythmus in immer steigendem Maße stören. Es ist vor allem die Tatsache, daß jahrelang bei stark sinkender Produktion die Löhne weiterhin in die Höhe getrieben wurden, ohne Rücksicht darauf, ob eine Lohnsteigerung den allgemeinen wirtschaftlichen Verhältnissen entsprach. Für den Staat, der de jure — und in den entscheidenden Fällen auch de facto — auf Grund der Schlichtungsordnung die Lohnhöhe bestimmt, sind die rein wirtschaftlichen Notwendigkeiten bei der Festsetzung der Lohnhöhe nicht die allein ausschlaggebenden Faktoren, sondern er ist bei seinen Entscheidungen auch weitgehend auf die Befriedigungsmöglichkeit der vorhandenen „gewohnheitsmäßigen" Bedürfnisse bedacht. Die Folge dieser Lohnpolitik war, daß die Akkumulationsquote ständig sank und der Industrie keine eigene Kapitalbildung möglich war. Sie mußte sich also mit teuerem Fremdkapital finanzieren, was die Belastungen noch erhöhte und die Rentabilität vieler Betriebe in Frage stellte. Davon war wiederum die Konsequenz, daß zahlreiche Unternehmungen die Produktion einstellen oder einschränken mußten, was ein Brachliegen volkswirtschaftlichen Kapitals bedeutete, und wodurch zahllose Arbeitnehmer freigesetzt wurden, und dadurch, daß sie der sozialen Fürsorge anheimfielen, die sozialen Lasten noch weiter erhöhten. Es läuft also darauf hinaus, daß der staatlich dekretierte Lohn zwar gezahlt wird, daß aber die Zahl derer, die ihn erhalten, immer geringer wird, während sie gleichzeitig immer größere Teile ihres Lohnes zur Unterstützung der Arbeitslosen abgeben müssen.

Es ergibt sich also, daß die Disproportion zwischen steigender Lohnhöhe und sozialen Abgaben einerseits und dem sinkenden Volkseinkommen andererseits als eine nicht unwesentliche Krisenursache anzusehen ist; denn es ist ein Unding, bei sinkendem Lohnfonds, d. h. bei sinkender Produktion, ein Steigen der Löhne zu fordern. Es ist klar, daß, je höher unter diesen Voraussetzungen die Löhne steigen, desto kleiner die Zahl derer wird, die sich in die vorhandene Lohnsumme teilen. Da die Lohnhöhe nicht durch eine ökonomische Gesetzmäßigkeit bestimmt ist, ist es die Aufgabe einer gesunden Sozialpolitik, die vorhandenen Disharmonien zu beseitigen, die, von außen in die Wirtschaft hineingetragen, ihren rhythmischen Ablauf auf das empfindlichste stören.

Schluß.

Faßt man die Ergebnisse der Untersuchungen zusammen, so erkennt man, daß die Kompliziertheit des ganzen Lohnproblems in der Tatsache zu suchen ist, daß hier, bei der Festsetzung der Lohnhöhe, wirtschaftliche Faktoren durch wirtschaftsexogene Gegebenheiten maßgebend beeinflußt werden. Die Unübersichtlichkeit der gesamten Lohnfrage beruht in der Vermengung von ökonomischen und soziologischen Phänomenen. Rein psychologisch mag noch die Tatsache verwirrend gewirkt haben, daß sich heute die breite Masse der Arbeitnehmer infolge gesteigerter Konsummöglichkeit und konsequent durchgeführter Arbeitsteilung weit mehr als Konsumenten denn als Produzenten fühlt. Daher läßt sich die ungeheure Suggestivkraft der gewerkschaftlichen Kaufkrafttheorie erklären, die ja den Primat des Konsums in der Wirtschaft zu beweisen versucht.

Die Bildung des Lohnfonds, d. h. die Aufbringung des zu Lohnzahlungen verfügbaren Volkseinkommens, ist abhängig von der Kapazität der Produktion und der Intensität ihrer Ausnutzung. Soweit diese Bildung des Volkseinkommens als Voraussetzung zur Lohnzahlung von Bedeutung ist, liegt das Lohnproblem im Bereich wirtschaftlicher Problematik. Soweit jedoch die Verteilung des erzeugten Sozialproduktes Anteil an der definitiven Lohnhöhe hat, ist nicht mehr die Wirtschaft als maßgebender Faktor anzusehen, sondern vielmehr die politischen Machtverhältnisse. Die Verteilung eines vorhandenen Gutes, also die Höhe des Anteils am Sozialprodukt, das dem einzelnen zufällt, mag materialistisch oder idealistisch begründet sein; die Möglichkeit aber, ein bestimmtes Verteilungsprinzip de facto durchzuführen, wird immer von der politischen Macht abhängen, die die Träger der herrschenden Idee auf sich vereinen.

Die hohen Löhne sowohl wie die Arbeitslosigkeit sind also in ihren Ursachen keine ökonomisch bedingten Erscheinungen, obwohl sie auf die Wirtschaft im stärksten Maße zurückwirken. Die hemmende Wirkung der Arbeitslosigkeit auf die Produktion, also auf die Bildung von Volkseinkommen, erzwingt ein niedriges Lohnniveau. Die gewerkschaftliche Lohnpolitik versucht, die notwendige Reaktion der Wirtschaft auf die durch exogene Faktoren verursachte Arbeitslosigkeit zu verhindern dadurch, daß sie mit Hilfe staatlicher Autorität eine der organischen Reaktion entgegengesetzte Wirkung zu erzielen erstrebt.

Um die sich so immer verschärfende Wirtschaftskrisis zu beheben, kann als einziges Mittel die Forderung anzusehen sein: *Die die Wirtschaft notwendig beeinflussenden exogenen Faktoren müssen sich nach den Bedürfnissen der Wirtschaft richten; und nicht darf die Wirtschaft den willkürlichen Forderungen wechselnder machtpolitischer Verbindungen ausgesetzt sein!*

Literaturverzeichnis.

Adler: „Sozialpolitische Arbeiterbewegung", Breslau 1885.

Altschul, Eugen: „Berechnung und Ausschaltung der Saisonschwankungen", Karlsruhe 1927.

Arndt, Paul: „Lohngesetz und Lohntarif", Frankfurt a. M. 1926.

Austin & Lloyd: „Das Rätsel hoher Löhne", Braunschweig 1926.

Bauer, Wilhelm: „Die wirtschaftliche Bedeutung hoher Löhne", Heidelberg 1932.

Brauer, Th.: „Gewerkschaft und Volkswirtschaft", Jena 1912.

Degenfeld-Schonburg: „Lohntheorien", 1914.

Dietzel, Heinrich: „Das Produzenteninteresse der Arbeiter und die Handelsfreiheit", Jena 1903.

Düwell, Bernhard: „Gewerkschaften und Nationalsozialismus„ Berlin 1931.

Gesellschaft für soziale Reform: „Wirkungen von Lohnerhöhungen auf die Kaufkraft und den inneren Markt", Bericht der G.-V. in Hamburg 1927.

Götz Briefs: „Gewerkschaftswesen und Gewerkschaftspolitik", Handwörterbuch der Staatswissenschaften, 4. Aufl., 1927.

Haun, Otto: „Kritische Betrachtungen zur Lohnpolitik der deutschen freien Gewerkschaften nach der Stabilisierung", Diss. 1926.

Heilborn: „Freie Gewerkschaften", Jena 1907.

Heyde, Ludwig: „Abriß der Sozialpolitik", Leipzig 1931.

Kloster, Julius: „Die Lohntheorie Ricardos und ihre Beziehungen zur Produktivitätstheorie", Mainz 1927.

Lederer, Emil: „Technischer Fortschritt und Arbeitslosigkeit", Tübingen 1931.

—: „Wirkungen des Lohnabbaues", Tübingen 1931.

Leipart, Theodor: „Die 40-Stunden-Woche", Verlag des A. D. G. B. 1931.

Marschak, Jacob: „Die Lohndiskussion", Tübingen 1930.

Marx, Karl: „Das Kapital", herausgegeben von Friedr. Engels, Hamburg 1919.

Massar, Karl: „Die volkswirtschaftliche Funktion hoher Löhne", eine theoretische Untersuchung, Diss. Heidelberg 1927.

Oppenheimer, Hilde: „Die Lohntheorie der Gewerkvereine„ Diss. 1917.

Silbermann, J.: „Gewerkschaft und Wirtschaftspolitik", Berlin 1921.

Statistisches Jahrbuch für das Deutsche Reich, Jahrgang 1913 und 1925/31.

Stothfang: „Lohnpolitik des Christl. Metallarbeiterverbandes", Duisburg 1926.

Strigl, Richard: „Angewandte Lohntheorie", Wien 1926.

Tarnow, Fritz: „Warum arm sein?", Berlin 1929.

Verfassung des Deutschen Reiches, 1926.

Verordnung zur Vermehrung und Erhaltung der Arbeitsgelegenheit vom 5. September 1932 mit Durchführungsbestimmungen vom 14. September 1932. Verlag J. Bensheimer, Mannheim, Berlin, Leipzig, 1932.

Wagemann: „Struktur und Rhythmus der Weltwirtschaft", 1931.

Weber, Adolf: „Ende des Kapitalismus?", München 1929.

—: „Der Kampf zwischen Kapital und Arbeit", Tübingen 1920.

Zeitungen und Zeitschriften:

Berliner Tageblatt, April 1932.
Frankfurter Zeitung, Jahrg. 1924 bis Februar 1932.
Kölnische Zeitung, Jahrg. 1924 bis Februar 1932.
Kreuzzeitung, Jahrg. 1924 bis Februar 1932.
Volksstimme Ffm., Jahrg. 1924 bis Februar 1932.
Der Arbeitgeber, Jahrg. 1924 bis April 1932.
Die Deutsche Arbeitgeber-Zeitung, Jahrg. 1931.
Die soziale Praxis, Jahrg. 1927 bis Februar 1932.
Die Arbeit, Jahrg. 1924 bis Februar 1932.
Gewerkschaftszeitung (A.D.G.B.), Jahrg. 1924 bis Februar 1932.
Internationale Rundschau der Arbeit, Jahrg. 1925 bis Februar 1932.
Die Wirtschaftskurve der Frankfurter Zeitung, Jahrg. 1924 bis 1931.
Reichsgesetzblatt Nr. 58, pag. 433, vom 5, September 1932.
Reichsarbeitsblatt, Jahrg. 1924 bis 1927.
Reichsarbeitsmarktanzeiger, Jahrg. 1928 bis Juli 1932.
Vierteljahrshefte z. Konjunkturforschung, Sonderheft 22, Berlin 1931.
Wirtschaft und Statistik, Jahrg. 1926 bis Mai 1932.
Wochenberichte des Instituts für Konjunkturforschung, Berlin, Jahrg. 1931 bis Februar 1932.

Anhang.

Erklärung zu den Kurven und Tabellen.

Die Daten, aus denen nachfolgende Kurven und Tabellen zusammengestellt sind, entstammen den Veröffentlichungen der Arbeitsämter, des Statistischen Reichsamtes und des Instituts für Konjunkturforschung. (Genaue Quellenangabe bei den einzelnen Tabellen.) Die der Untersuchung zugrundeliegenden Zahlen sind also ausschließlich den Erhebungen solcher Institutionen entnommen worden, deren Aufgabe und Ziel es ist, möglichst objektives Material bereitzustellen und sich nicht in den Interessenkampf der Parteien zu mischen.

Die Daten der saisonbereinigten Arbeitslosigkeit und die Zahlen der Reallohntabelle sind als einzige keine Originalzahlen der oben erwähnten Institute, sondern sind erst aus einer besonderen Bearbeitung des gegebenen Zahlenmaterials hervorgegangen.

Es war notwendig, die gegebenen Zahlen der Arbeitslosigkeit in einer Weise darzustellen, daß die jahreszeitlichen Einflüsse das Bild der Entwicklung nicht beeinträchtigten. Wenn man die konjunkturelle und strukturelle Entwicklung der Arbeitslosigkeit untersuchen will, so muß man die Einflüsse, die von anderen Faktoren herrühren, ausschalten. Die Saisoneinflüsse können insofern das Bild der konjunkturellen Entwicklung beeinträchtigen, als sie sowohl verschärfend als auch abmildernd auf die absoluten Zahlen einwirken können. Eine solche Kurve, die — wie in dem Falle der Arbeitslosenkurve — abnorm hohe Ausschläge aufweisen wird —, eben darum, weil konjunkturelle Depressionen zusammenfallen können mit saisonmäßig bedingtem Tiefstand —, macht einen Vergleich mit anderen Wirtschaftskurven zumindest problematisch, wenn nicht gar praktisch unmöglich.

Zur Ausschaltung der Saisonschwankungen ist die Methode der arithmetischen Mittelwerte benutzt worden. Hierbei haben wir uns an die Veröffentlichung der Frankfurter Gesellschaft für Konjunkturforschung[1]) angelehnt, in der die Methode zur Berechnung und Ausschaltung von Saisonschwankungen wiedergegeben ist. Diese Methode der Berechnung der Saisonschwankungen „besteht darin, daß man für die einzelnen Monate der gegebenen Jahre Durchschnittswerte berechnet und diese dann zwecks Zurückführung auf eine gemeinsame Basis durch ihr gemeinsames Mittel dividiert. Die so erhaltenen Zahlen stellen dann die Saisonindizes dar"[2]).

Die Daten der Reallohntabelle sind ebenfalls erst durch uns errechnet worden. Sie stellt eine Beziehung dar zwischen der Nominal-

---

[1]) Merkblatt II/III der Frankfurter Ges. f. Konjunkturforschung, Wissenschaftl. Leitung Dr. E. Altschul: „Berechnung und Ausschaltung von Saisonschwankungen", Karlsruhe 1927, pag. 7—13.

[2]) Ebenda, pag. 7.

lohnentwicklung und der Preisgestaltung und spiegelt die Entwicklung der realen Kaufkraft des Lohnes wider. Der Reallohntabelle liegen also zugrunde die Daten des Nominallohnes und des Lebenshaltungsindex. Die Methode der Errechnung des Reallohnes stellt eine Division dar: Tariflicher Stundenlohn dividiert durch Lebenshaltungsindex.

Die Entwicklungslinien, die in dem Kurvenbild I dargestellt sind, lassen sich lediglich tendenziell in ihrer Entwicklung vergleichen; jedoch nicht in ihrem absoluten Verhältnis zueinander, da die Maßstäbe der einzelnen Kurven naturgemäß verschieden sind.

In dem Kurvenbild II sind die für die vorliegende Untersuchung wichtigsten Kurven indiziert, das heißt sie sind auf einen gemeinsamen Maßstab gebracht, und es ist so eine direkte Vergleichsmöglichkeit gegeben. Es handelt sich um das Entwicklungsbild der absoluten Arbeitslosigkeit, der saisonbereinigten Arbeitslosigkeit, des Reallohnes und des Index für die industrielle Produktion. Sämtliche Indexkurven sind auf das Jahr 1925 bezogen und dadurch errechnet, daß die Originalzahlen durch den Durchschnittswert des Jahres 1925 dividiert wurden.

Das Kurvenbild III veranschaulicht ergänzend die Nominallohnentwicklung in einem einzigen Berufe, in dem der eigentlichen Bergarbeiter des Ruhrgebietes, vom Jahre 1884 bis zur Gegenwart.

Zu Kurve I

Tabelle I
Absolute Zahlen der Arbeitslosigkeit [1])

Monat	1924	1925	1926	1927	1928	1929	1930	1931	1932
Januar .	— [2])	807 277	2 495 257	2 536 309	2 012 212	2 989 899	3 394 401	5 189 837	6 435 120
Februar	1 818 697	793 635	2 549 004	2 434 611	1 933 320	3 229 871	3 529 171	5 291 622	6 531 647
März ..	1 459 416	— [2])	2 520 394	1 919 518	1 673 121	2 671 352	3 200 645	5 081 606	6 455 296
April...	869 899	— [2])	2 373 628	1 643 127	1 386 514	1 951 076	2 956 521	4 730 850	6 178 966
Mai	627 755	475 228	2 347 688	1 362 418	1 248 885	1 602 997	2 801 637	4 438 630	6 023 962
Juni ...	601 260	410 466	2 337 963	1 192 599	1 207 410	1 494 518	2 802 505	4 348 181	5 924 499
Juli	685 027	404 525	2 251 121	1 040 952	1 154 635	1 466 886	2 927 623	4 381 413	5 846 795
August .	780 985	— [2])	2 147 056	945 184	1 160 010	1 476 307	3 125 217	4 609 648	5 690 408
Septbr..	790 413	484 239	2 000 581	867 367	1 157 589	1 527 202	3 266 107	4 754 087	.
Oktober	712 659	553 688	1 920 059	884 181	1 304 840	1 760 653	3 529 120	5 026 344	.
Novbr. .	663 524	800 385	2 007 193	1 255 149	1 655 585	2 240 257	3 981 651	5 451 535	.
Dezbr. .	672 741	1 407 862	2 390 029	1 926 012	1 968 397	3 030 285	4 658 272	6 043 754	.

[1]) Reichsarbeitsblatt, Jg. 1924/1927. Reichsarbeitsmarktanzeiger, Jg. 1928/32: Verfügbare Arbeitsuchende in den Landesarbeitsamtsbezirken (nachgewiesen in den Arbeitsämtern und den nicht gewerbsmäßigen Arbeitsnachweisen).

[2]) Für diesen Monat lagen uns keine exakten Zahlen vor.

Zu Kurve I

Tabelle II
Saisonbereinigte Zahlen der Arbeitslosigkeit [1])

Monat	1924	1925	1926	1927	1928	1929	1930	1931	1932
Januar	115,0	50,4	156,0	158,6	125,7	186,8	212,1	324,3	402,2
Februar	113,7	49,6	159,3	152,1	120,7	201,8	220,6	330,7	408,3
März	104,2	49,2	180,0	137,1	119,5	190,8	228,6	363,0	461,1
April	72,5	45,0	197,8	136,9	115,5	162,5	246,3	394,2	494,5 [2])
Mai	56,9	43,2	213,4	123,8	113,5	145,7	254,7	403,5	536,4
Juni............	54,6	37,2	212,5	108,4	109,6	135,9	254,6	395,2	.
Juli	68,5	40,4	225,1	104,1	115,4	146,7	282,8	438,1	.
August	71,0	40,9	195,1	85,9	105,6	134,1	284,0	419,0	.
September	71,8	44,0	181,9	78,8	105,1	138,8	296,9	432,1	.
Oktober	64,7	50,3	174,5	80,3	118,6	160.0	320,8	456,9	.
November	51,0	61,5	154,4	96,5	127,3	172,3	306,3	419,3	.
Dezember	42,0	88,0	149,2	120,4	123,0	189,3	291,1	377,8	.

[1]) Unter Anwendung von Tab. I errechnet nach der Methode der arithmetischen Mittelwerte.

[2]) April/Mai 1932: Angenäherte Werte.

Tabelle III
Die Kurzarbeiter in Prozent der erfaßten Gewerkschaftsmitglieder [1])

Monat	1929	1930	1931	1932	Monat	1929	1930	1931	1932
Januar	—	11,0	19,2	22,8	Juli	—	13,9	19,2	.
Februar	—	13,0	19 5	—	August	—	14,8	21,5	.
März	—	12,6	19,0	—	September	—	15,1	22,2	.
April	—	12,1	18,2	—	Oktober	4,0	15,4	22,1	.
Mai	—	12,0	17,5	—	November	7,6	16,1	21,9	.
Juni............	—	12,6	17,7	.	Dezember	8,5	16,9	22,4	.

[1]) Wirtschaft und Statistik Jg. 1931/32. (Insbes. Nr. 22, 2. 11. 1931.)

Zu Kurve I

Tabelle IV

Gesamtlebenshaltungsindex [1]) (1913/14=100)

Monat	1924	1925	1926	1927	1928	1929	1930	1931	1932
Januar	125,9[2])	135,6	139,8	144,6	150,8	153,1	151,6	140,4	124,5
Februar	119,9	135,6	138,8	145,4	150,6	154,4	150,3	138,8	122,3
März	121,9	136,0	138,3	144,9	150,6	156,5	148,7	137,7	122,4
April	125,3	136,7	139,6	146,4	150,7	153,6	147,4	137,2	121,7
Mai	128,9	135,5	139,9	146,5	150,6	153,5	146,7	137,3	121,1
Juni	123,5	138,3	140,5	147,7	151,4	153,4	147,6	137,8	121,4
Juli	126,4	143,3	142,4	150,0	152,6	154,4	149,3	137,4	121,5
August	128,7	145,0	142,5	146,6	153,5	154,0	148,8	134,9	120,3
September	129,4	144,9	142,0	147,1	152,3	153,6	146,9	134,0	.
Oktober	134,9	143,5	142,2	150,2	152,1	153,5	145,4	133,1	.
November	135,4	141,4	143,6	150,6	152,3	153,0	143,5	13[illegible],9	.
Dezember	135,4	141,2	144,3	151,3	152,7	152,6	141,6	130,4	.

[1]) Statistisches Jahrbuch 1926/31. Ab Juli 1931: Wirtschaft und Statistik, 1932, Heft 1—17.

[2]) Lebenshaltungsindex im Dezember 1923: 142,2.

Zu Kurve I

Tabelle V

Tarifliche Stundenlöhne im Durchschnitt von 17 Gewerben [1])

Monat	1924	1925	1926	1927	1928	1929	1930	1931	1932
Januar	57,0	72,5	86,7	87,4	95,7	103,1	107,1	108,7	90,4 [2])
Februar	57,0	73,3	86,8	87,5	95,8	103,2	107,1	105,5	90,4
März	57,0	75,2	86,8	88,2	96,3	103,4	107,1	104,4	.
April	62,0	77,0	86,7	89,9	98,5	104,0	107,3	102,5	.
Mai	66,0	78,8	86,7	92,9	100,5	105,7	107,4	101,5	.
Juni	69,0	80,7	86,4	93,5	100,6	106,1	107,4	101,4	.
Juli	70,0	81,8	86,5	93,5	100,9	106,3	107,4	101,3	.
August	70,0	83,5	86,5	93,6	101,6	106,6	107,4	101,0	.
September	70,0	84,4	87,3	93,7	101,6	106,6	107,4	101,0	.
Oktober	71,0	85,1	87,2	94,6	102,6	106,7	107,4	100,6	.
November	72,0	86,3	87,3	95,1	102,7	106,8	107,4	100,1	.
Dezember	—	86,4	87,4	95,2	103,0	107,1	107,3	—	.

[1]) Stundenlöhne oder Akkordsätze für männliche und weibliche Facharbeiter, angelernte und Hilfsarbeiter der höchsten tarifmäßigen Altersstufe jeweils am Monatsersten. Wirtschaft und Statistik, Heft 24, Jahrgang 11, 1931, pag. 867.

[2]) Januar und Februar 1932 sind angenäherte Zahlen.

Zu Kurve I

Tabelle VI

Realstundenlohn [1])

Monat	1924	1925	1926	1927	1928	1929	1930	1931	1932
Januar	0,45	0,53	0,61	0,60	0,63	0,67	0,71	0,76	0,72[2])
Februar	0,48	0,55	0,63	0,60	0,64	0,67	0,71	0,76	0,74
März	0,47	0,55	0,63	0,61	0,64	0,66	0,72	0,76	.
April	0,49	0,56	0,62	0,61	0,65	0,68	0,73	0,75	.
Mai	0,52	0,58	0,62	0,63	0,67	0,69	0,73	0,74	.
Juni............	0,56	0,58	0,61	0,63	0,66	0,69	0,73	0,74	.
Juli	0,55	0,57	0,61	0,62	0,66	0,69	0,72	0 74	.
August	0,55	0,58	0,61	0,64	0,66	0,69	0,72	0,75	.
September	0,54	0,58	0,61	0,64	0,67	0,69	0,73	0,75	.
Oktober	0,52	0,59	0,61	0,63	0,67	0,70	0,74	0,76	.
November	0,53	0,61	0,61	0,63	0,67	0,70	0,75	0,76	.
Dezember.......	—	0,61	0,61	0,63	0,67	0,70	0,76	—	.

[1]) Unter Anwendung der Tabellen IV und V (Tarifl. Stundenlohn: Lebenshaltungsindex).
[2]) Für Januar und Februar 1932 liegen nur angenäherte Werte vor.

Zu Kurve III

Tabelle VII

Tatsächliche Schichtverdienste im Steinkohlenbergbau des Oberbergamtsbezirkes Dortmund

Durchschnittlicher Schichtverdienst für die eigentlichen Bergarbeiter (Kohlen- und Gesteinshauer) [1])

	Jahr	Mark		Jahr	Mark		Jahr	Mark
	1884	3,08	4. Vierteljahr ..	1901	4,84	4. Vierteljahr .	1925[3])	8,27
	1885	3,04	4. „ ..	1902	4,54	4. „ .	1926	8,87
	1886	2,92	4. „ ..	1906	5,60	4. „ .	1927	9,68
	1887	2,93	4. „ ..	1907	6,14	4. „ .	1928	10,21
	1888	2,96	4. „ ..	1908	5,77	4. „ .	1929	10,34
4. Vierteljahr ..	1889	3,69	4. „ ..	1909	5,30	Oktober	1930	10,28
4. „ ..	1891	4,23	4. „ ..	1912	6,21	Juli	1931	9,50
4. „ ..	1892	3,71	4. „ ..	1913	6,47	Januar	1932[4])	8,55
4. „ ..	1900	5,27	4. „ ..	1924[2])	7,51			

[1]) Statistisches Jahrbuch 1927, pag. 317, und Jg. 1928 ff.
[2]) Für die Jahre 1913/23 liegen keine Lohndaten vor.
[3]) Von 1925 ab gelten die Erhebungen für den erweiterten Bezirk des ganzen Ruhrgebiets.
[4]) Januar 1932 ist ein angenäherter Wert.

Zu Kurve I

Tabelle VIII

Indexziffern der industriellen Produktion in Deutschland [1])
(1928 = 100)

Monat	1925	1926	1927	1928	1929	1930	1931
Januar	80,4	70,0	89,2	100,6	96,9	93,7	67,8
Februar	82,4	70,2	88,2	103,4	92,6	91,0	69,2
März	83,0	69,9	91,7	105,6	100,3	90,9	73,5
April..........	80,3	69,4	94,3	104,5	108,4	92,3	76,3
Mai	82,0	70,6	98,0	102,4	107,8	88,4	73,9
Juni	79,8	74,0	95,9	102,5	107,9	82,0	74,4
Juli	78,8	73,1	99,5	101,1	103,4	80,6	71,7 [2])
August	76,5	77,7	101,0	102,0	102,2	79,6	67,5
September......	79,4	81,3	103,1	101,9	101,5	78,8	67,0
Oktober	77,3	84,4	102,8	98,4	100,9	77,6	64,2 [3])
November......	78,1	88,2	103,9	85,3	99,9	75,4	64,0
Dezember	73,2	89,7	98,7	92,7	94,6	72,5	58,7

[1]) Wochenbericht des Instituts für Konjunkturforschung, herausgegeben von Prof. Dr. E. Wagemann, Berlin, Nr. 30 vom 21. 10. 1931.

[2]) Die Daten vom Juli 1931 ab entstammen den „Monatlichen Wirtschaftszahlen“ der dem 21. Oktober 1931 nachfolgenden Nummern der „Wochenberichte“.

[3]) Die Daten Oktober—Dezember 1931 sind vorläufige Ergebnisse.

Zu Kurve II

Tabelle IX

Indexziffern der absoluten Arbeitslosigkeit [1])

Monat	1924	1925	1926	1927	1928	1929	1930	1931	1932
Januar	—	118,4	366,0	372,0	295,1	438,6	483,3	761,3	944,0
Februar	286,8	116,3	373,9	357,2	283,6	473,8	517,7	776,3	958,2
März...........	214,0	—	369,7	281,6	245,4	391,8	469,5	745,5	946,9
April...........	127,6	—	348,2	241,0	203,5	286,2	433,7	694,0	870,5 [2])
Mai	92,1	69,7	344,4	199,8	183,2	235,2	411,0	650,2	865,5
Juni...........	88,2	60,1	342,9	175,0	177,1	219,3	411,2	637,8	.
Juli	100,5	59,3	330,2	152,7	169,4	215,2	429,5	642,7	.
August	114,6	—	314,9	138,6	170,2	216,5	458,4	676,2	.
September	115,9	71,0	293,5	127,2	169,7	232,1	479,1	697,6	.
Oktober	104,6	81,3	281,6	129,7	191,4	258,3	517,7	737,3	.
November	97,4	117,4	294,4	184,1	242,9	328,6	584,1	799,8	.
Dezember.......	98,7	206,5	352,1	282,5	288,7	444,5	683,3	886,6	.

[1]) Errechnet unter Anwendung der Tabelle I: bezogen auf das Jahr 1925 = 100. Jahresdurchschnitt 1925 = 681,7.

[2]) April und Mai 1932 stellen angenäherte Werte dar.

Zu Kurve II

Tabelle X

Indexziffern der saisonbereinigten Arbeitslosigkeit [1])

Monat	1924	1925	1926	1927	1928	1929	1930	1931	1932
Januar	230,0	100,8	312,0	317,2	251,4	373,6	424,2	648,6	804,4
Februar	227,4	99,2	318,6	304,2	241,4	403,6	441,2	661,4	816,6
März	208,4	98,4	360,0	274,2	239 0	391,6	457,2	726,0	922,2[2])
April	145,0	90,0	395,6	273,8	231,0	325,0	492,6	788,4	989,0
Mai	113,8	86,4	426,8	247,6	237,0	291,4	509,4	807,0	1072,8
Juni	109,2	74,4	425,0	216,8	219,2	271,8	508,2	790,4	.
Juli	137,0	80,8	450,2	208,2	230,8	293,4	585,6	876,2	.
August	142,0	81,8	390,2	171,8	211,2	268,2	548,0	838,0	.
September	143,6	88,0	363,8	157,6	210,2	277,6	583,8	864,2	.
Oktober	129,4	100,6	349,0	160,6	237,2	320,0	641,6	913,8	.
November	102,0	123,0	308,8	193,0	254,6	344,6	612,6	838,6	.
Dezember	84,0	176,0	298,4	240,8	246,0	378,6	582,2	755,6	.

[1]) Errechnet unter Anwendung der Tabelle II: bezogen auf das Jahr 1925 = 100. Jahresdurchschnitt 1925 = 50. [2]) Für April und Mai 1932 liegen nur angenäherte Werte vor.

Zu Kurve II

Tabelle XI

Indexziffern der Realstundenlöhne [1])

Monat	1924	1925	1926	1927	1928	1929	1930	1931	1932
Januar	78,9	92,9	107,0	105,3	110,5	117,6	124,6	133,3	128,3[2])
Februar	84,2	96,5	110,5	105,3	112,6	117,6	124,6	133,3	129,8
März	82,5	96,5	110,5	107,0	112,6	115,8	128,3	133,3	.
April	85,9	98,2	108,8	107,0	114,0	119,8	128,1	131,6	.
Mai	91,2	101,8	108,8	110,5	117,6	121,1	128,1	129,8	.
Juni	98,2	101,8	107,0	110,5	115,8	121,1	128,1	129,8	.
Juli	96,5	100,0	107,0	108,8	115,8	121,1	128,3	129,8	.
August	96,5	101,8	107,0	112,6	115,8	121,1	128,3	131,6	.
September	94,7	101,8	107,0	112,6	117,6	121,1	128,1	131,6	.
Oktober	91,2	103,5	107,0	110,5	117,6	122,8	129,8	133,3	.
November	92,9	107,0	107,0	110,5	117,6	122,8	131,6	133,3	.
Dezember	--	107,0	107,0	110,5	117,6	122,8	133,3	—	.

[1]) Errechnet unter Anwendung der Tabelle VI: bezogen auf das Jahr 1925 = 100. Jahresdurchschnitt 1925 = 0,57.
[2]) Für Januar und Februar 1932 liegen nur angenäherte Werte vor.

Zu Kurve II

Tabelle XII

Indexziffern des Produktionsindex von 1928 [1])

Monat	1925	1926	1927	1928	1929	1930	1931
Januar	101,4	88,3	112,5	126,9	122,2	118,2	85,5
Februar	103,9	88,5	111,2	130,4	116,8	114,8	87,3
März	104,7	88,1	115,6	133,2	126,5	114,6	92,7
April	101,3	87,5	118,9	131,8	136,7	116,4	96,2
Mai	103,4	89,0	123,4	129,1	135,9	111,5	93,2
Juni	100,6	93,3	120,9	129,3	136,1	103,4	93,8
Juli	99,4	92,2	125,5	127,5	130,4	101,6	90,4
August	96,5	96,0	127,4	128,6	128,9	100,4	85,1
September	100,1	102,5	130,0	128,5	128,0	99,4	84,5
Oktober	97,5	106,4	129,6	124,1	127,2	97,5	81,0[1])
November	96,5	111,2	131,0	107,6	126,0	95,1	80,7
Dezember	92,3	1!3,1	124,5	116,9	119,3	91,4	74,0

[1]) Errechnet unter Anwendung der Tab. VIII: bezogen auf das Jahr 1925 = 100. Jahresdurchschnitt 1925 = 79,3. [2]) Die Daten Oktober/Dezember 1931 sind vorläufige Ergebnisse.

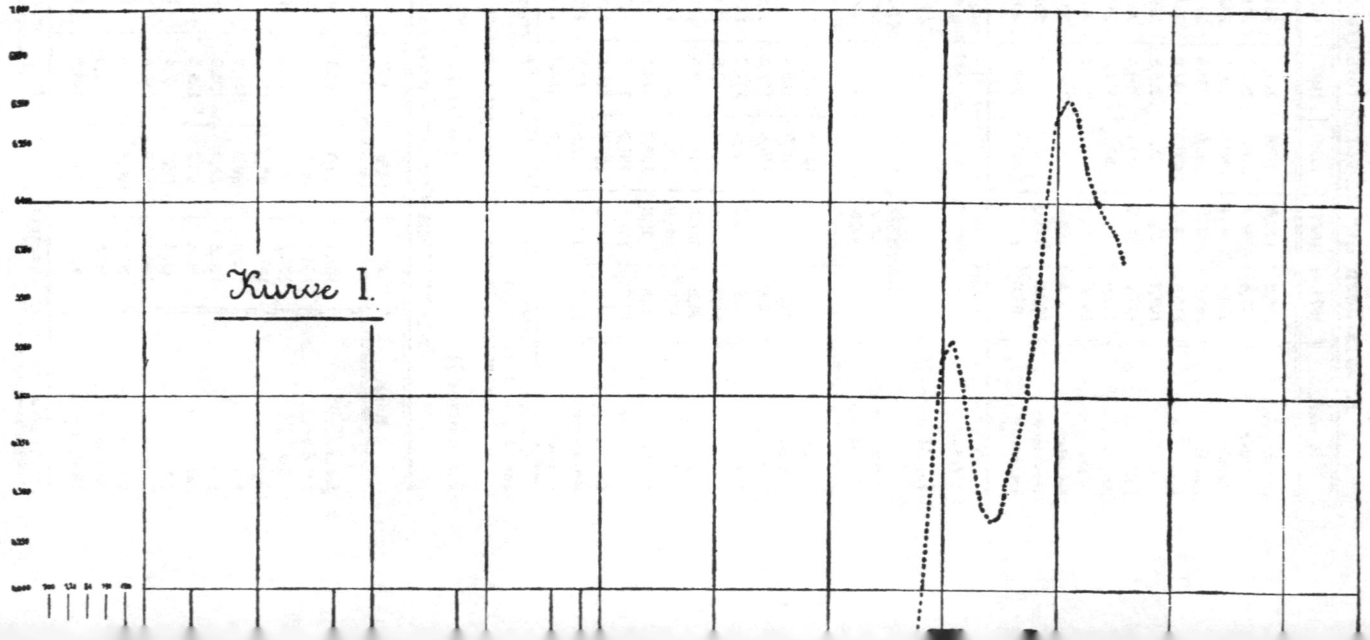
Kurve I.

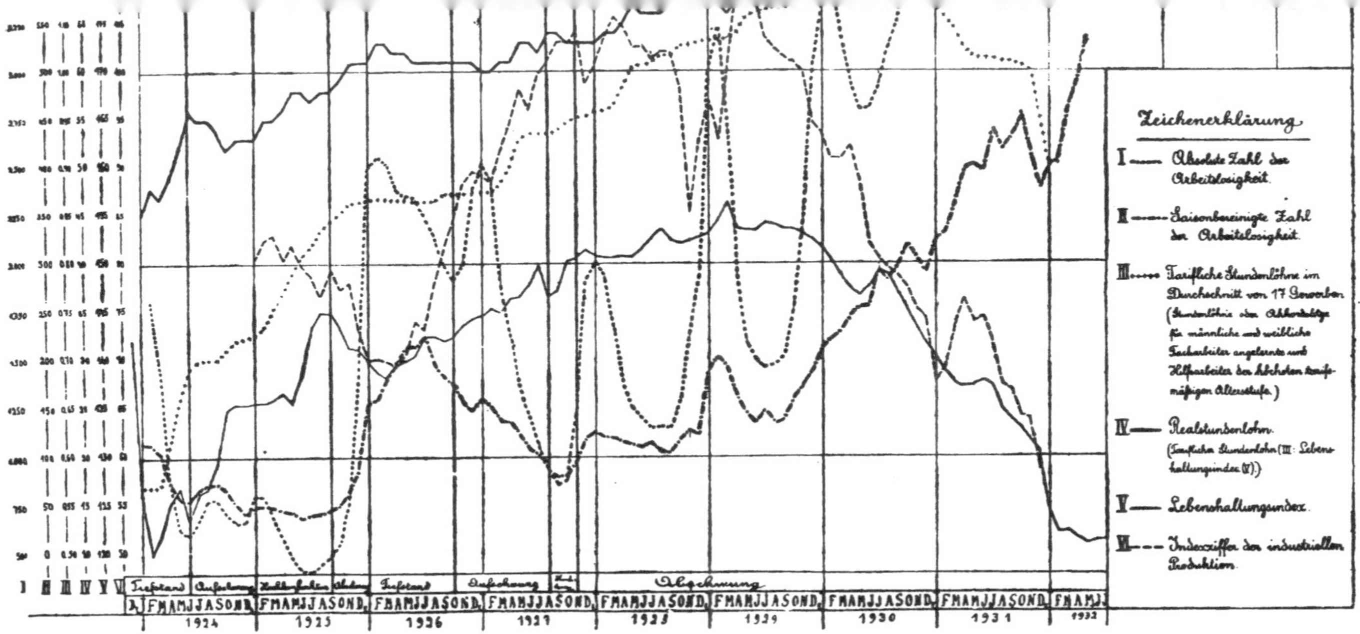
Zeichenerklärung
I —— Absolute Zahl der Arbeitslosigkeit.
II ----- Saisonbereinigte Zahl der Arbeitslosigkeit.
III ····· Tarifliche Stundenlöhne im Durchschnitt von 17 Gewerben (Stundenlöhne oder Akkordsätze für männliche und weibliche Facharbeiter angelernte und Hilfsarbeiter der höchsten tarifmäßigen Altersstufe.)
IV —— Realstundenlohn. (Tarifliche Stundenlohn (III : Lebenshaltungsindex (V).)
V —— Lebenshaltungsindex.
VI – – – Indexziffer der industriellen Produktion.
Tiefstand
Aufschwung
Hochkonjunktur
Abschwung
Tiefstand
Aufschwung
Abschwung
1924
1925
1926
1927
1928
1929
1930
1931
1932

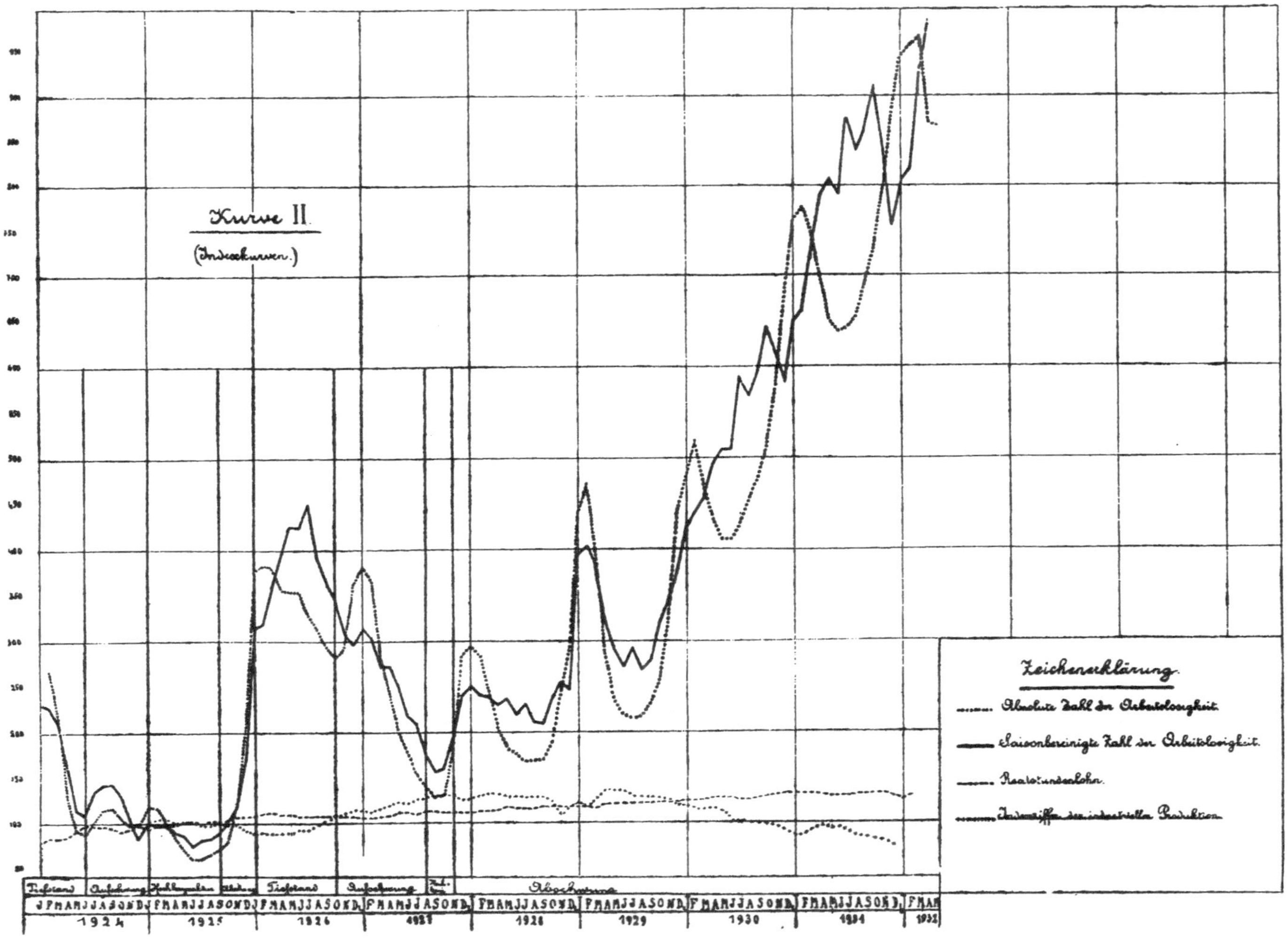
Kurve II
(Indexkurven.)
Zeichenerklärung.
Absolute Zahl der Arbeitslosigkeit.
Saisonbereinigte Zahl der Arbeitslosigkeit.
Realstundenlohn.
Indexziffer der industriellen Produktion.
Tiefstand
Aufschwung
Hochkonjunktur
Tiefstand
Aufschwung
Abschwung
1924
1925
1926
1927
1928
1929
1930
1931
1932

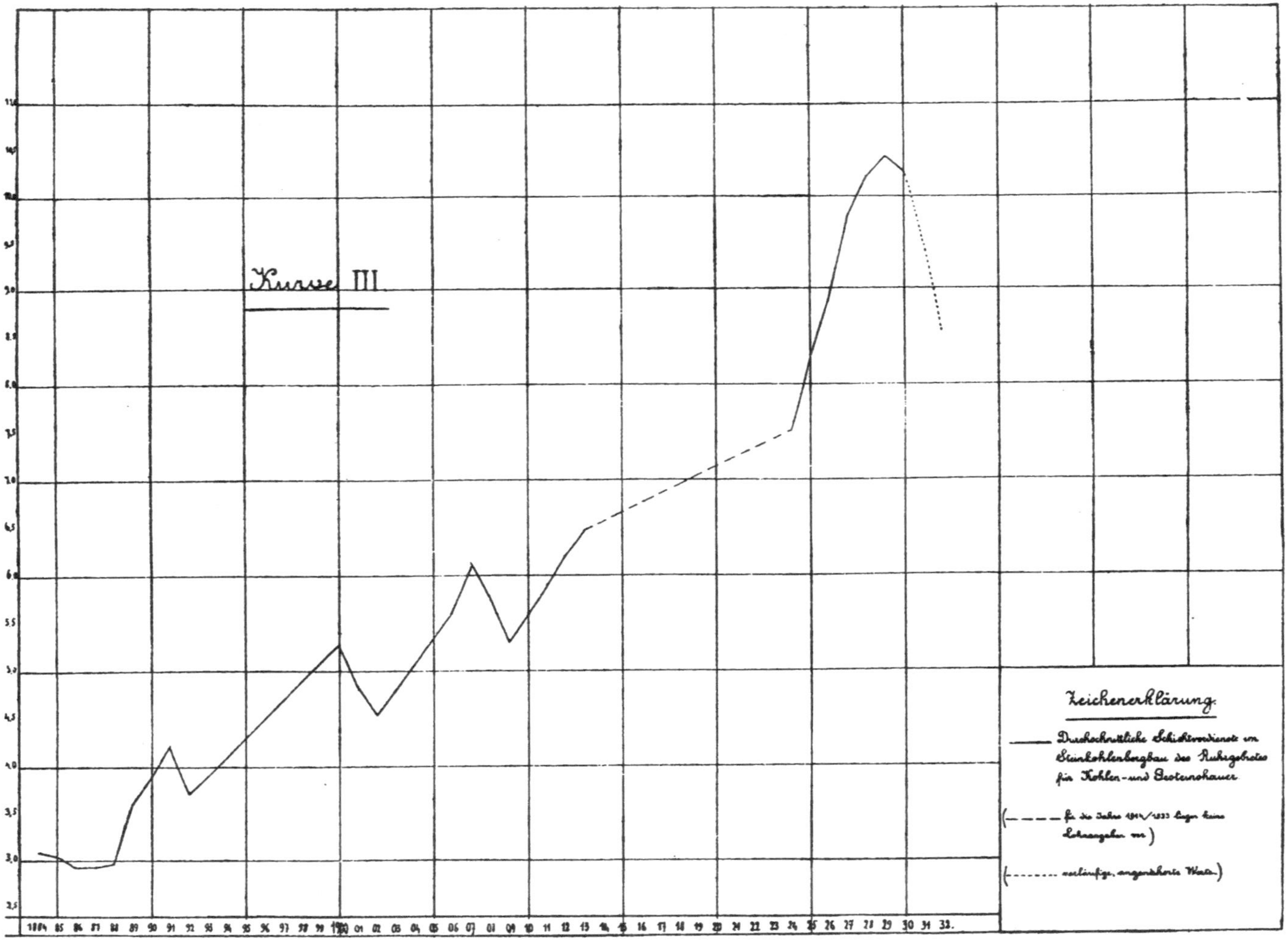
Kurve III.
Zeichenerklärung.
Durchschnittliche Schichtverdienste im Steinkohlenbergbau des Ruhrgebietes für Kohlen- und Gesteinshauer
(für die Jahre 1914/1923 liegen keine Lohnangaben vor)
(vorläufige, angenäherte Werte)

FSC
www.fsc.org
MIX
Papier | Fördert gute Waldnutzung
FSC® C083411

Kolibri 360 GmbH
Ferdinand-Jühlke-Straße 7
99095 Erfurt, Deutschland
produktsicherheit@kolibri360.de